从“泛娱乐”到“新文创”
内容创业者的超级IP之路

马铂伦◎著

中国铁道出版社有限公司
CHINA RAILWAY PUBLISHING HOUSE CO., LTD.

图书在版编目（CIP）数据

从“泛娱乐”到“新文创”：内容创业者的超级 IP 之路 / 马铂伦著 . —北京 : 中国铁道出版社有限公司 , 2019. 8
ISBN 978-7-113-25916-7

Ⅰ. ①从… Ⅱ. ①马… Ⅲ. ①文化产业—产业发展—研究—中国 Ⅳ. ① G124

中国版本图书馆 CIP 数据核字（2019）第 111300 号

书　　名：从“泛娱乐”到“新文创”：内容创业者的超级 IP 之路
作　　者：马铂伦

责任编辑：吕　芠　　**读者热线**：010-63560056
责任印制：赵星辰　　**封面设计**：MXK DESIGN STUDIO

出版发行：中国铁道出版社有限公司（100054，北京市西城区右安门西街 8 号）
印　　刷：北京铭成印刷有限公司
版　　次：2019 年 8 月第 1 版　2019 年 8 月第 1 次印刷
开　　本：700 mm×1 000 mm　1/16　**印张**：14.5　**字数**：223 千
书　　号：ISBN 978-7-113-25916-7
定　　价：45.00 元

前　言

PREFACE

创业维艰，拼尽全力却还是落于对手之后；无所适从，理论方法一大堆却还是做不好；囚徒困境，谨慎投资却无法突破同质化的重围。这重重艰难险阻摆在了创业者的面前，那么，创业者如何才能在困境中实现凤凰涅槃，脱颖而出呢？本书就为那些还在摸着石头过河的创业者们提供了一个全新的营销策略，那就是重构企业的泛娱乐化战略，打造超级 IP。

笔者希望能够通过本书的讲解，抛砖引玉，为创业者拓宽思路，帮助其打造出属于自己的超级 IP，进而获得事业上的成功。

谈论 IP 时就不能绕开泛娱乐产业。泛娱乐的核心就是 IP，在 2018 年腾讯的 IP 发布会上，其更是宣布将“泛娱乐”升级为“新文创”新文创更强调打造 IP 的文化意蕴，这证实了泛娱乐产业发展的新趋势。超级 IP 的行业竞争残酷而激烈，到底如何打造一个超级 IP 呢？在互联网大浪潮下，不想被淹没，又举步维艰。这本《从“泛娱乐”到“新文创”：内容创业者的超级 IP 之路》倾囊相授，细致解读 IP 化的科学方法论只为助你一臂之力！全书以全面的理论战略和详细的方法论教你如何打造超级 IP。

作者将多年的经验积累和实务经验，浓缩成这本书奉献于您的面前，它采用了案例详细分析的方法，行文深入浅出，将枯燥生硬的理论知识用诙谐幽默、浅显直白的口语娓娓道来。

本书内容及体例结构

第 1~2 章 新一轮“IP 热”来临，超级 IP 席卷全球，中产阶级纷纷“抢滩”

第 1~2 章属于全书的战略部分，主要是从超级 IP 的时代趋势和当下现状为出发点，让读者了解“IP 热”的过去和现在。商业巨头纷纷开启经典 IP 的新玩法，在万物皆媒的时代，IP 化成为打造互联网风口的新物种。主流 IP、新媒体 IP 以各种姿态渗透到泛娱乐领域，“IP+ 餐厅”“IP+ 服装”等就是 IP 化的创新性玩法。

第 3~5 章 IP 化的商业定位、产品设计以及运营

第 3~5 章以 IP 化的框架性内容为重点，解决 IP 化的搭建问题。在商业定位方面，IP 化要求着重分析受众人群的特征，锁定价值观问题，进而选择那些生命力强的主题性 IP；在 IP 化的产品设计方面，我们需要把握三大核心，以及对应的方法论，从情感、属性、价值观、差异化连接等维度打造有爆发力的 IP 化产品；而 IP 化运营则要放大价值，运用合适的商业表达逻辑，实现流量变现，包括放大阶段和变现阶段。

第 6~9 章 自媒体、人物、电商、品牌的 IP 化

第 6~9 章重点讲述自媒体、人物、电商、品牌等方向的 IP 化。直播化直接带动了自媒体 IP 的发展，典型案例有何伊凡的《盒饭秀》和自媒体人“雾满拦江”的转型。自媒体强调社交平台的聚合能力，以价值观为标准，以增值服务为变现途径。人物 IP 化则为内容创业者提供了可持续发展路径，包括网红型、商业型和匠人型三类，要求有持续性的价值输出，以

差异化做出新高度。电商 IP 化为电商创业者带来一个新的风口，其价值就在于开发周边产品，扩大边际价值，进而在用户心中产生“有价值”的印象，形成良性循环。品牌 IP 化需要在品牌本身下功夫，包括粉丝社群、参与感以及转化率等。

第 10~13 章　网络文学、游戏、音乐、影视的 IP 化。

第 10~13 章以 IP 化的细分领域为重点，包括网络文学、游戏、音乐、影视，系统讲解如何在各个领域打造超级 IP，每一章均有环境背景分析及方法论指导。

第 14 章　未来 IP 化商业法则的三大创新方向

第 14 章对超级 IP 化发展方向的预判，包括形象立体化、体验现场化、人工智能化，启迪读者产生 IP 化发展性思考。

本书特色

1. 内容实用实在、详略得当，讲授符合学习者的认知规律

本书内容涵盖了打造超级 IP 化的各个方面，重点讲解 IP 化的战略、经营以及具体细分行业领域的实战性操作，为读者全面讲授有关超级 IP 化的专业性知识。全书以“原理 + 方法论”的哲学思想搭建知识架构，既有理论又有实操指导，特别注重知识的实用性和可操作性。

2. 行文幽默诙谐，以实例引导全程，特别适合初学者阅读

本书介绍的 IP 化现状、商业定位、产品与运营以及 8 大细分领域和未来创新方向，绝大部分都是按照实际案例或理论讲解的思路进行引导，既避免了学习不同章节不同实例间的知识断层，注重实例场景的沉浸式解读，又能保证内容的连贯、统一。综观全书，作者在解读 IP 化的实战过程

中，还特别侧重用经典 IP 案例做引导，拒绝枯燥的教科书式讲解，使得整个学习过程变得简单生动、活泼有趣。

3. 衔接到位，有利于读者学以致用

本书在解读过程中，常常借用实际的 IP 化场景案例，包括经典案例和日常生活情景，将 IP 化这一概念运用全新的思维和营销模式，重构商业竞争力。最终，使读者在阅读过程中不知不觉触发联想思维。让读者能读得懂，学得会，直接嫁接到打造超级 IP 化的实际运营管理中，有利于读者学以致用。

4. 实务操作，助你拥有难忘的 IP 打造方法学习体验

本书抛开深奥的理论化条文，除了必备的基础理论知识介绍外，特别强调实务操作，本书从 IP 战略的制定、商业定位、产品设计与运营到具体的 IP 化各个方向，精细解读，真正拿来就用的超级 IP 打造方法论技巧。你学到的是完全真实、渐进式的超级 IP 方法论，相应跟随本书的介绍，一定会让你的超级 IP 打造方法论的学习之旅拥有难忘的幸福体验。

本书读者对象

- 需要 IP 化运作的投资人
- 电商、微商运营人员
- 高等院校经济管理专业学生
- 对超级 IP 感兴趣的普通大众
- 想要以 IP 化创造商业的企业管理者

因受作者水平和成书时间所限，本书难免存有疏漏和不当之处，敬请指正。

目 录

CONTENTS

第 2 章　IP 化搅动各行各业，中产阶级也纷纷“抢滩”IP 新市场

第 12 章　音乐 IP 化：IP 产业新的爆发点

第 13 章　影视 IP 化：跨界融合新探索

第1章
新一轮“IP热”来临，超级IP席卷全球

经过近几年的持续发酵，超级IP已经勾画出新的蓝图，在热门行业多点开花。这种时代大背景下，新一轮“IP热”来临，超级IP席卷全球。巨头们纷纷开启经典IP新玩法，助力“IP热”再次发酵。同时，在万物皆媒的时代，IP化成为打造互联网风口的全新物种，IP化生存也在引领全新的商业模式进化形态。总之，我们要把握住“IP热”带给我们的稍纵即逝的机遇，迎上风口塑造属于我们的IP。

1.1 巨头开启经典 IP 新玩法，“IP 热”再次发酵

经典 IP 向来是 IP 化开发的重要资源宝藏，巨头们在“IP 热”再次发酵前，纷纷开启经典 IP 的新玩法，包括华策影视玩转“射雕”，开创了 IP 化反新玩法，“杜拉拉”的新玩法则是形象升级，而神话经典 IP“西游记”的新招数在于人设方面的惊喜。总之，创新、创意时代来临，IP 就是核心竞争力。

1.1.1 创新、创意时代来临，IP 就是核心竞争力

在移动互联网时代，IP 火了，并不是虚假繁荣，而是必然现象。虽然“IP”是个新概念，但其实它所代表的价值并不是这个时代才有，而是任何时候都存在，但从来都只有少数人愿意去真正地经营它。不过，在当今时代，很多人都开始关注并经营IP，它的价值才迅速延展繁殖，并产生了巨大价值。下面通过《水浒传》的例子理解一下什么是 IP。

《水浒传》是中国四大名著之一，自古以来就有很多粉丝，它最初有舞台剧、连环画，随后又以影视剧的形式搬上大屏幕，后来又发展出玩偶主题餐厅、网络游戏等，以上这些在互联网爆发之前就已经陆续出现在公众视野中。

以上这些价值的实现都是通过《水浒传》这部作品延伸而来的。在当下，《水浒传》就是一个 IP，而且还是超级 IP。

理解了 IP 这个概念之后，下面再从资本层面了解一下 IP 的三个层次，其内容如图 1-1 所示。

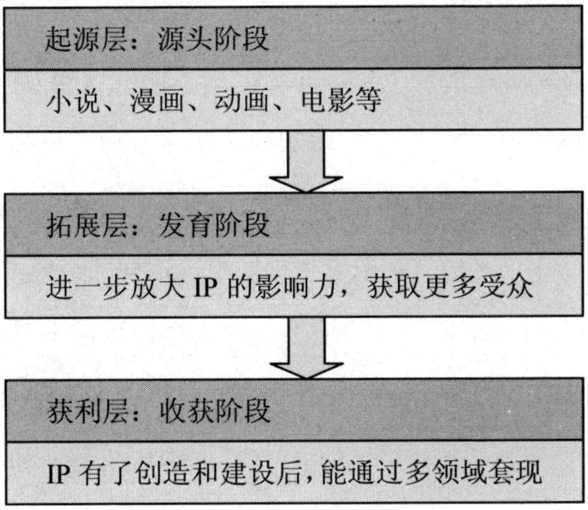

图 1-1　IP 的三个层次

在 IP 概念刚刚爆发之际，其最有力的套现手段应该就是游戏和电影了，可谓名利双收。但是，未来 IP 的价值将不只停留在泛娱乐领域，它会向更广泛的范围延伸。还是以《水浒传》为例，在“水浒迷”基数足够大，而且能够瞬间聚集之时，就会出现以水浒为主题的游乐园、酒店、公寓、武器道具，甚至房地产家装、旅游等各式各样的新玩法，以便在延展过程中产生新的周边价值。

迪士尼是 IP 行业的领导者，也是一个拥有众多超级 IP 的全产业链集团，它融合了文化、旅游、玩具、服装和地产等领域，以使顾客感到欢乐为产品导向。例如，迪士尼 3D 动画电影——《冰雪奇缘》，这是迪士尼成立 90 周年的纪念作品，改编自安徒生童话《白雪皇后》。《冰雪奇缘》在全球热映后，仅在北美的票房就超过了 4 亿多美元。

迪士尼在《冰雪奇缘》这部影片中还展现了超级 IP 强大的变现能力。在影片热播中，女主角艾莎公主娃娃在美国卖出了 2 600 万美元，艾莎和安娜所穿的“公主裙”在全美以每条售价 149.95 美元，共卖出 300 多万条，只是卖裙子，迪士尼就获得了约 4 亿美元的收入。超级 IP 强大的变现能力可见一斑。

分析迪士尼玩转 IP 的原因，可以发现它通常会通过一个个电影，塑造出大量的文化型 IP，这些 IP 不仅仅是一个名字，一个故事，而是有着明显文化倾向的，符号化的 IP。比如，它把像“灰姑娘”这样的经典 IP 以及原创 IP 打上了迪士尼的烙印，让大家隐隐约约地感觉到这些 IP 跟迪士尼建立了联系。“迪士尼”本身也是一个 IP，通过这些 IP 的互联共生，从而创造出更大的价值。

众多行业都被迪士尼这种超强的 IP 变现能力所折服。如今，在创新、创意时代来临之际，各行各业都纷纷开始布局发展自有 IP，重构 IP 商业竞争力，以便在新一轮“IP 热”来临之际，分得一杯羹。

在 IP 领域，各行业之所以重构 IP 商业竞争力，这与近几年我国的经济增长减缓，步入“L”形发展期有关。在当今时代，我国长期以依靠廉价劳动力、土地、资源、投资和出口等粗放型模式驱动的经济增长方式已经到了必须转型的时刻，未来经济增长驱动力转变为要靠创新、创意、精耕细作。为了增强我国的经济发展新动力，政府采取的措施如下页中图 1–2 所示。

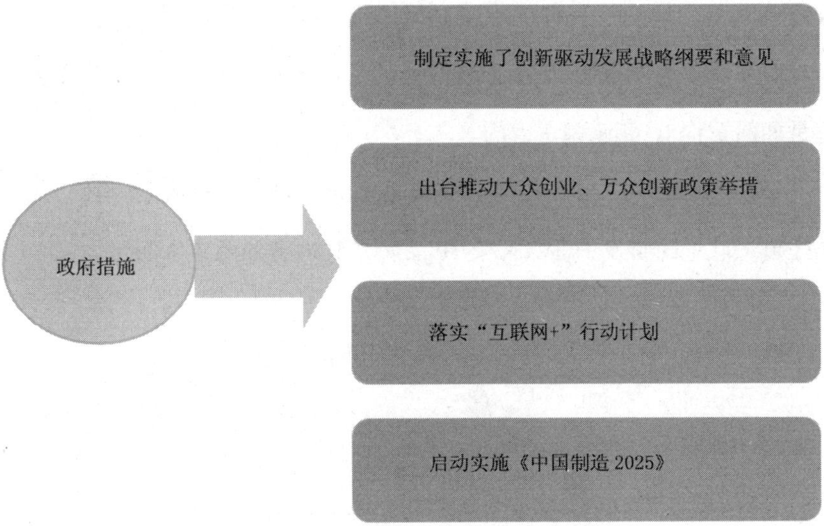

图 1–2　政府针对经济转型采取的措施

在政府的支持下，越来越多的企业开始重视知识产权（IP）对商业模式的保护作用。唐德影视与灿星文化的产权诉讼案就是一个典型的例子。两家公司围绕“好声音”的品牌进行了产权之争。这次事件从版权问题爆发起，所有的关注点都在“天价”模式费上。当时灿星文化与版权方 Talpa 谈判陷入僵局，其关键原因在于对方提出条件：成立合资公司，把旗下 200 多个模式打包购买。灿星文化不接受 Talpa 的条件，最后，“好声音”版权落入唐德影视手中。

唐德影视之所以与灿星文化争产权的原因自然在于“好声音”IP 的强大变现能力。“好声音”引进国内之后，已经举办了四季，其积累的人气非常高，而且由“中国好声音”衍生出的其他节目也都获得了较高的收视率和播放量。可见，“好声音”这个 IP 拥有了深远的商业价值。

目前，国内企业无论是在国内市场，还是参与到国际竞争中，IP 的话语权会越来越重。这将代表着优质的 IP 将帮助企业获得巨大的可变现财产，也代表着商业竞争力的重构。下面以旅游业的佼佼者驴妈妈母公司景域集团为例，看它是如何重构 IP 商业竞争力的。

在 2016 年 1 月 31 日景域集团的年度总结大会上，驴妈妈创始人洪清华首次提出景域集团将发力三大品类 IP 品牌，其内容如图 1–3 所示。

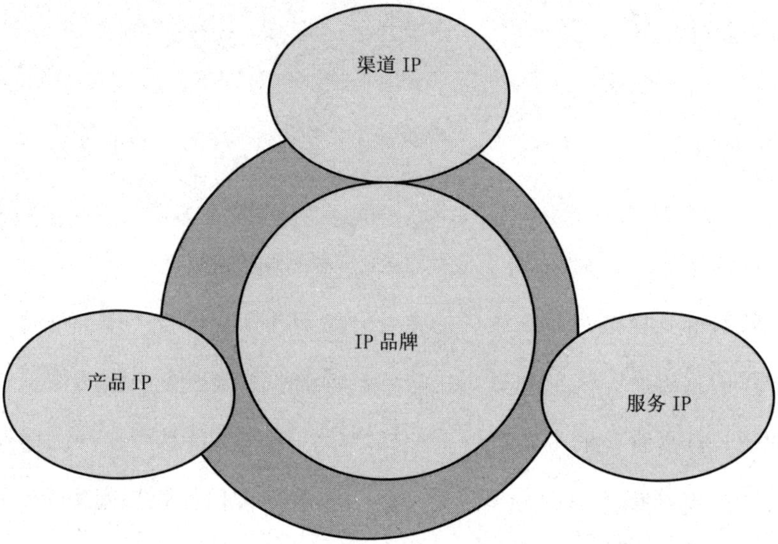

图 1–3　驴妈妈三大品类 IP 品牌

随后，在 2016 年 6 月 29 日的“景域集团 2016 IP 战略实践发布会”上，洪清华在发布会上指出，景域集团将推出三大品类的 9 大 IP，主要围绕景区、目的地对 IP 进行搭建。他还表示：“2016 年是景域 IP 元年，景域不仅加速打造自己集团的 IP 矩阵品牌，也将为全国重要旅游目的地打造具有独特气质的 IP。”以驴妈妈为例，看看景域是如何布局 IP，重构商业竞争力的。

第一，在渠道 IP 方面。

1. 驴妈妈与复旦大学旅游学系联合主办成立了中国旅游电子门票研究中

心，下设数据库、工具箱、传达室、报告厅、俱乐部五个机构。

2. 景域集团与黄山旅游签署了 2017 年深度战略合作协议。

第二，在服务 IP 方面。

1. 驴妈妈发布了"品质一日游"产品，包括十余条优质路线。

2. 基于资本与资源的互动，景域旅投与深圳大通实业股份有限公司共同成立大通驴妈妈文化旅游创新产业基金，首期基金规模达 20 亿元。

第三，在产品 IP 方面。

驴妈妈正式公布了旗下的"帐篷客""姐妹品牌""歌唱三部曲"系列酒店品牌。

鉴于景域集团的 IP 布局，洪清华表示："移动互联构建了这个加速度时代，信息过剩而注意力必定稀缺，从而造就 IP 化表达，并使 IP 成为新的连接符号和话语体系。IP 化生存是产能结构性过剩和注意力稀缺时代商业模式的必然选择，是小众需求的自然表达，是连接逻辑的商业衍生。"

在"IP 热"持续高温之际，洪清华依旧非常重视 IP 在旅游业中的作用，他认为："未来所有品牌必须成为超级 IP 这个新物种，如果你不是超级 IP，你将无法进入旅游业，将没有旅游者与你连接，你或许与商业奇迹无缘。"当然，IP 不只是针对旅游业，对其他行业而言也是一样，你要么依靠 IP 重生，要么苟延残喘，直至灭亡。

总之，优质 IP 给企业带来的价值是不言而喻的，打造优质、可信赖的品牌 IP 将成为未来各行各业的重要核心竞争力。

1.1.2 华策影视玩转“射雕”，开创 IP 化反新玩法

当新版《射雕英雄传》在东方卫视周播剧场首播时，首播当天收视率就高达 0.532%，市场份额 2.896%。让网友惊呼不是黄金时档播出也能超过 0.5%，相当不错了。

众所周知，《射雕英雄传》是金庸武侠题材系列小说的经典作品，此前已有多个版本，此次再度翻拍自然引来不少关注度。而作为《射雕英雄传》联合出品方之一的华策影视，也力求将原著中的“侠义精神”以结合时代潮流的方式，开创出 IP 化反新玩法。

在经典 IP 频繁遭大幅度改编，被网友吐槽的今天，华策影视注重真实贴近原著的演绎，为观众呈献最原汁原味的 IP 巨作。

华策影视玩转“射雕”的同时，也为观众带来不一样的经典改编视觉体验。

首先，新版《射雕英雄传》尊重原著，并将故事情节以及细节处理得非常清晰，武打场景也原汁原味，节奏明快又突出武侠风格。

其次，导演蒋家骏大胆启用新生代演员，摒弃当下经典热门 IP 与超人气偶像结合的路线，以新面孔给观众带来不一样的感觉，而且该剧还力邀一众老戏骨倾情加盟，是十足的加分项。

再次，注重知识产权保护。华策影视专门买下《铁血丹心》音乐版权，1983 版的主题曲放在新时代，毫无违和感。

最后，华策影视也非常注重视觉体验。千军万马、无垠沙漠、皑皑白雪、广袤草原等也铺垫出恢宏的气魄与场景。

当然，除《射雕英雄传》外，华策影视也握有当下多个热门电视剧利器，《微微一笑很倾城》《亲爱的翻译官》《锦绣未央》《孤芳不自赏》《三生三

世十里桃花》等高人气剧集，华策影视成为当之无愧的2016年年度双王——“剧王”和“盈利王”。

当初靠电视剧起家的华策影视在掌门人赵依芳的带领下，积极向视频、电影、综艺等全媒体转型，内容产业向泛娱乐产业聚集汇拢。而实现这些，就是要开创 IP 化反新玩法，注重超级 IP 本身的品质和内容的跨领域多元化开发，借助粉丝流量，有巨大想象空间的变现模式，让外界看到华策影视在超级 IP 的决心和实力。

华策影视本身有非常雄厚的资金以及人脉积淀，作为电视剧行业的巨头，华策影视不仅看重内容产业中的电视剧这一个板块，而是要通过打造超级 IP，让“IP 热”再次发酵，重新扩大娱乐内容布局的版图。

而华策影视成功的关键就是早早看到互联网变革的趋势且抓住了先机，建立了电影、电视剧、综艺节目、新媒体的全内容驱动链条，开启超级 IP 模式，放大娱乐内容的商业价值。

当然，华策影视作为内容娱乐产业的“领头羊”，无论其超级 IP 如何成功，本质还是内容，也正如赵依芳所说，“互联网就相当于是高速公路，我们的内容就是在上面奔驰的车辆，没有内容，互联网就是一条空马路”。

1.1.3 “杜拉拉”新玩法：形象升级

说到热门的影视 IP，我们就不得不提“杜拉拉”，它来源于李可的著名小说《杜拉拉升职记》，后经多年发展，先后被搬上话剧舞台和电视荧幕，为观众所熟知，成为一时经典，其形象也随着时代的发展，被不断地丰富升级，可谓历久弥新。

杜拉拉经历了 10 年成长历程，先后有姚晨的话剧版《杜拉拉升职记》、王珞丹的电视剧版《杜拉拉升职记》、徐静蕾电影版《杜拉拉升职记》以及2016年戚薇的终极版电视剧《我是杜拉拉》。此外，还有网络剧《杜拉拉升职记》、音乐剧《杜拉拉升职记》、林依晨饰演的电影版《杜拉拉追婚记》等。

每个版本都演绎出了不同风采的杜拉拉，也见证了“杜拉拉”这一老牌超级 IP 在粉丝与观众心中的独特魅力，“杜拉拉”本身也成为观众心中当之无愧的“OL 女神”代言人。那是不是可以说拥有强大的群众基础的 IP 就完全不用担心被遗弃了吗？当然不是。

到戚薇版的杜拉拉，导演刘俊杰在为其设定杜拉拉形象时，就表示要让“杜拉拉回到生活中”，经历了职场新人、升职、追婚等，到终极版也该进入生活，在职场与家庭中遇见更多的可能性。

可以说戚薇版的“杜拉拉”有了新玩法，形象升级，从职场的菜鸟、生活的笨鸟成长为理智稳重的轻熟女形象，面对丈夫的疑似婚外情，杜拉拉一不撒泼二不打滚三不扯皮，而是循循善诱，给当代身兼职场与生活压力的现代女性有益的启示，也是“杜拉拉”这一超级 IP 的升级版。

为什么要这样处理剧情？因为“杜拉拉”经过 10 年沉淀，已经不再是莽撞的职场新人，此次电视剧的目标受众年龄也是在 30 岁以上的都市白领，想与其产生共鸣，这样的 IP 呈现方式当然要与以往不同，既是形象升级，也是为终极版画下完美的句号。

作为 IP 鼻祖的“杜拉拉”，历经多年仍有强大的生命力，不仅是由于各个版本的演绎以及参演人员的努力，也更说明了超级 IP 本身可以释放更大的力量，而且这种力量可以历经时间沉淀，在不同的节点给大众带来不一样的感受。

1.1.4 神话经典 IP“西游记”新招数：人设惊喜

“西游记”作为神话经典 IP，已经有众多版本，无论是电视剧还是电影，当然其强大的群众基础可以窥见一斑。而与“西游记”相关的题材，比如，唐僧这个人物 IP，可以创设不同的风格。

电影《大唐玄奘》，其人物素材就源于“西游记”经典 IP 中的唐僧。影片由著名导演霍建起执导，内地男演员黄晓明主演，该片讲述了唐朝高僧玄奘历经 19 年，不畏艰难，长途跋涉前往天竺取经的传奇故事。

在经典 IP“西游记”中，如果去除孙悟空、猪八戒、沙僧三徒弟的神话色彩，玄奘取经本身就是一个非常不错的题材，他本人历经曲折，艰难险阻甚至遭遇生死考验，都有深刻的寓意，而呈现在电影中可以有非常大的想象空间，归根结底，就是为观众带去人设惊喜，这也是此次“西游记”IP 的新招数。“西游记”IP 的演绎版本很多，但当时以纪实手法拍摄大唐高僧玄奘的商业影片却没有。

“西游记”作为神话类经典 IP，观众已经对其非常熟悉，如果还是按照之前的套路，很可能使之产生视觉疲劳，而影视作品的呈现空间也趋于收窄。而这次《大唐玄奘》以纪实性手法真实还原了传奇人物玄奘取经之路。

再看这部《大唐玄奘》的幕后制作班底，也可以看到华策影视的身影，从“射雕”IP 到“杜拉拉”IP，再到“西游记”神话经典 IP，华策影视的 IP 布局可见一斑。

巨头开启经典 IP 新玩法，再次强势引爆发酵“IP 热”，不仅仅是“IP 热”带来的经济效益，而是背后整体的社会经济大背景对文化产业的新期待，同时，IP 本身具有跨平台、多角色互动的特性和优势，因此成为巨头追逐的热点，华策影视就是其中之一。

另外，阿里巴巴、百度、腾讯、乐视等互联网巨头也都争相投资影视娱乐，成立独立部门，投身电影、电视剧、综艺节目等，可以说，巨头们的入驻也让“IP 热”着时火了一把。但“IP 热”的本质还是离不开创新与创意。

除了经典类 IP 可以变异出多规格的产品，开发优质 IP 资源也可以担当创意新玩法，让玩家和资本真实感受到市场与用户回应和反馈的热度。

总之，巨头们开启经典 IP 的范例，为我们打造超级 IP 提供了可借鉴的标本，但只是可借鉴，想要打造出真正的超级 IP 还是需要有正确方法论的指引，才不会跑偏走歪。

1.1.5 “王者荣耀”新皮肤：创新设计中国文化元素

腾讯公司旗下的《王者荣耀》是当下玩家最喜欢的手游之一，游戏每一次更新都会引起众多玩家的关注。前不久《王者荣耀》对即将上线的新皮肤展开宣传，新皮肤依托敦煌古文化，歌手韩红为新皮肤献上极具敦煌特色的歌曲，还将开通皮肤故事站，使玩家了解一些敦煌文化知识。

从 2017 年开始腾讯公司与敦煌研究院合作，通过“数字供养人”计划对敦煌古文化进行数字化保护及文化再创造等方面的探索。腾讯互动娱乐市场平台部副总经理戴斌在第三届丝绸之路（敦煌）国际文化博览会专项论坛发表演讲说道：“要想让更多人认识、了解、热爱敦煌，就需要一种全新的文化生产方式。腾讯希望通过和敦煌研究院合作，在这方面创造一些新的可能性。”腾讯希望在当今时代下，年轻人通过现代化的手段更加了解中国文化，共同保护中国古文明。

《王者荣耀》设计的新皮肤正是在双方合作的基础下，深度挖掘中国文化，达到年轻人了解本民族文化，保护中国古文明的目的。2018 年 4 月，腾讯新文创生态大会在北京顺利展开，腾讯公司副总裁程武提出“新文创”概念。“新文创”是指在当今的时代背景下，文化生产方式以构建 IP 为核心，打造更多具有影响力的中国文化符号。《王者荣耀》无疑是腾讯公司开始新文创道路的探索。

《王者荣耀》的新皮肤名为“遇见飞天”，飞天在游戏中指杨玉环这一角色。新皮肤依据敦煌壁画等元素打造，每一处细节尽量做到尽善尽美。在发布的海报上可以看到飞天的头饰、披肩、飘带等细节都取材于敦煌壁画；飞天的妆容参考敦煌莫高窟壁画中的女子妆容；新皮肤的主色调也选取了盛唐敦煌壁画中常用的几种颜色。飞天手中的琵琶是无弦的，还原敦煌的佛教精神，其双手背后弹琵琶更是来源于敦煌壁画中女子舞乐的场景。玩家可以通过新皮肤领略敦煌文化的风采。

《王者荣耀》正在以中国传统文化符号为主，创造出有别于其他游戏的个性化游戏风格。在新一轮 IP 热潮来临之际，其定能凭借自身优势在竞争中占有一席之地。

1.2 万物皆媒时代，IP 化打造互联网风口的全新物种

当万物皆媒的时代来临，IP 化与“IP 热”不仅是带有现象级产品的话语体系，也可以以高度的生物相容性渗透到商业形态中，以新内容、新功能、新方式，创造新的价值。超级 IP 的产品化带来入口级流量的同时，也在打造互联网风口的全新物种，米家就是一个范例。IP 化是商业模式下的进化

形态，也代表了超级 IP 的现状特点，成为众多行业在商业营销战略结构中的新打法。

1.2.1 依靠新内容、新功能、新方式，创造新价值

IP 化打造互联网风格的新物种，是万物皆媒时代的典型特征，从“泛娱乐”到“新文创”，IP 化依靠新内容、新功能、新方式，创造了新的价值。

IP 化打造的新物种在内容方面有全新的突破，不同于以往上映一部电影或者是发行一张音乐唱片，IP 化在这些传统途径上开拓出全新的发展方向。依靠 IP 打造新内容，对话内容创造，以展开新的盈利探索模式。IP 化将内容从过去的直接贩卖到内容创造，其中，实现新内容的关键在于和各种文化主体进行合作，比如敦煌研究院。泛娱乐主要与商业企业合作，新文创除与商业企业合作外，更加强调与文化主体的合作，以期创造新价值。

IP 化为产品内容提供新功能，以吸引受众和流量，平台内的相通性流转为新功能创造了可能性。例如，一个 IP 可以在漫画、手游、端游、影视等平台流畅通行，而不同平台也有各自的功能特点，IP 化创造出与众不同的价值。

IP 化以新的方式在“万物皆媒的”时代打造互联网风口的新机遇，在过去，IP 化并未得到人们的普遍认同，而文学作品改编影视作品就是 IP 的初步演变状态。2015 年以来，随着 IP 化的快速发展，市场和资本对 IP 化的重视，使塑造 IP 的同时衍生出新方式，腾讯在新文创理念下提出各种企业、各种文化资源和创新形式实现广泛连接，使用户得到深层次的文化情感体验，是实现高效的数字文化生产的新方式。

在泛娱乐到新文创的升级过程中，实现 IP 化的新内容、新功能、新方式，

使 IP 化创造出新的价值，包括显性的商业价值，也包括对企业和品牌的隐性价值，比如，知名度、美誉度等，必须依托前沿技术，连接更多样化的企业主体，挖掘 IP 的文化底蕴。在“万物皆媒”的时代，显性与隐性价值都显示了 IP 化的巨大开发潜力。

1.2.2 超级 IP 产品化，产品会自带流量

如果将 IP 比作一个产品，那超级 IP 则是以产品化为核心，拥有自带流量价值的人格化 IP。而且，这种自带流量的势能价值是通过 IP 产品本身体现出来的。

超级 IP 产品化更强调的是内容化特征和人格化属性，内容化特征突出 IP 的产品属性，人格化特征突出 IP 产品与受众的互动属性。IP 化在小众范围内拥有独特的内容价值以及人格化特征，那 IP 产品就会形成自带流量的商业价值，而无须 IP 创作者投入太大的力气进行连接。

经典超级 IP 也常常通过产品化显示自己的独特魅力，比如，霸屏多年的西游记系列影视剧，从最初的 86 版《西游记》的电视剧，到后来翻拍的各类影视作品，都有大批的原著型粉丝，产品有强大的自带流量势能。

反之，如果一个 IP 的变现非常困难，甚至难以支撑投入与转化的关系，必须要高投入才能维持一定量的转化，这样的流量当然很难打造出优质的超级 IP。因为超级 IP 本身就会自带流量，去连接产品和受众。

1.2.3 米家打造新物种，创造独特价值

米家，实际是 MIJIA 的拼音，也是小米全力打造的卓越品牌，产品定位于智能家庭，其产品线有电饭煲、空气净化器、台灯、热水壶、体脂秤等。

从新物种的角度看，如果一个物种的诞生需要高强度的广告投入去支撑，那很难形成自带流量的超级 IP，因为 IP 本身自带流量。另外，米家强调以一流的设计和超高性价比为用户带来极致的设计体验，所以，品牌方不必大肆宣传，大家都会抢着买。这就是米家打造的一个全新的互联网新物种。

而米家打造的这个新物种，支撑其自动良性循环的就是持续化机制，让品牌产品成为用户必备品，为用户呈现全方位的管家式解决方案。比如，米家的智能家庭就是为用户提供了一整套的生活必备品，并且与智能深度结合，最基础的就是从现有品牌爆品来研发和迭代。

新物种本身需要自成系统，以独特的生命体，能够自带流量、持续地进行良性循环，以创新性营造多方面的商业价值。

米家从一个热水壶、体脂秤做起，打造智能家庭，让用户在米家的产品世界中享受智能化家庭生活，这就是米家以 IP 化目标打造新物种，创造出来的独特的商业价值。

1.3 IP 化生存，引领全新的商业模式进化形态

IP 化生存的问题本质上就是商业模式的进化形态。IP 以什么样的形式存在于商业形态中，起到了哪些作用，如何强化这种作用。更深层次的内容是 IP 化生存如何去引领这种全新的商业模式进化形态，具体来说，就是引领新的消费价值观，以“流量 + 用户 + 产品”一体化的售卖逻辑实现商业价值，凭借持续的人格化演绎，实现用户的情感消费。

1.3.1 新文创阶段的 IP 化新理念

泛娱乐阶段我国建立了文学、影视、动漫、游戏等板块和专业团队，实现 IP 化的主要理念在于与商业企业合作。随着科技的不断进步及用户的观念变化，迎来新文创阶段，新文创阶段相当于“站在巨人的肩膀上”，结合泛娱乐的优势，新理念在于实现文化价值 + 商业价值的 IP 化标准。

腾讯公司在实现 IP 化的新理念上很是用心。腾讯公司副总裁程武曾说：“因为我们有了很好的泛娱乐内容业务，不管是文学、动漫、影视和游戏，我们可以促进和帮助很多新的基于中国历史优秀文化 IP 的诞生，也可以帮助像故宫、长城、敦煌这样传统文化的或者传统中国优秀 IP，在新的科技环境和语境下焕发出时代的生命力。”新理念的重点在于利用新的技术手段连接更多样的主体，打造线上与线下融合的新体验，使 IP 具有永不失色的文化内涵，成为用户的情感载体。

腾讯公司实现 IP 化的新理念主要体现在以下两方面：

1. 深入理解 IP

进入新文创阶段，腾讯公司对 IP 化有了更深的认识。“行业上还是有很多人简单把 IP 的价值等同于短期的热度。但真正有生命力的 IP 不是炒出来的，而是一步步生长出来的，不仅要有新潮的体验，更要有能够承载用户情感的文化内涵。”腾讯公司副总裁程武说。新阶段下，腾讯公司将重点打造具有中国传统文化特色的优质 IP。

新文创阶段更加注重 IP 的文化价值，连接更广泛的文化主体。腾讯公司为此全版权引入金庸先生的《天龙八部》等作品，创作改编为漫画等多元化的艺术形态，利用新技术和腾讯公司的网络平台，重塑作品的文化价值，使传统文学作品延续自身的生命力，在新阶段下绽放出新的活力。

在 2018 年举办的腾讯新文创生态大会上，腾讯公司推出五大文化系列的影视作品，其在新文创阶段下对 IP 化深入理解，加深与文化主体的全产业链合作，加强 IP 的文化价值。

2. 连接更多样的主体

在新阶段下，腾讯公司不仅与商业企业合作，还加强与文化研究院、政府等主体的合作。例如，全民手游《王者荣耀》曾与哈尔滨政府合作，共同建造出冰雪王国——“王者峡谷”。腾讯公司还推出了《王者历史课》，根据游戏中的世界观，为人们普及一些中国历史知识。内容兼具知识性和趣味性，通过综艺名嘴的讲述，为人们普及一些历史小知识。

不仅如此，腾讯游戏的开发将与多所科研机构和高校合作，为游戏输入新技术和传统文化内涵。腾讯游戏副总裁高莉表示，腾讯公司在推进功能游戏的发展上，将陆续打造涵盖传统文化、前沿科技、知识普及和亲子互动等领域的功能游戏。

腾讯公司在新理念的指导下，强调与更多样化的主体合作。通过多层次的合作，使 IP 的建设展示出新成果。

进入新文创阶段，企业需要转换思路，在与商业企业合作的同时，加强与其他各种主体的合作，促进 IP 的新发展。

1.3.2 引领新的消费价值观

IP 化生存正在引领新的消费价值观，从 IP 化到消费价值观需要有层级过渡，至少包括价值观、普世元素、故事和呈现形式，更可以理解为，具备这四大层级的 IP 化，才能带领 IP 本身以及 IP 覆盖用户，渗透到消费价值观当中。

美国初始形态的 IP 就是从漫画以及其他途径改编而来的电影。而国内是从 2014 年开始，以 BAT 为首的资本市场逐步显示出对 IP 的野心和追求，但真正用 IP 实现变现的案例却不多。到 2017 年年初，IP 化生存依然有着强势的发展前景，各大公司和市场资本也在纷纷酝酿，试图在 IP 化生存状态下引领新的消费价值观。

那 IP 化到底如何引领新的消费价值观？总体上可以分为三种手段。

一是以 IP 爆款建立直线联系。IP 通过爆款能够与受众建立最直接的联系，比如，以 IP 化为核心，形成一系列的爆款，比如，可口可乐的昵称瓶、台词瓶，熊本熊的表情包、咖啡厅、零食包装袋等。用爆款让核心用户埋单，吸引边缘用户，这也是 IP 化生存变现的主要方式。

二是围绕粉丝经济拓展情感价值。IP 化之所以能够影响那么多人，除了 IP 本身符合用户特征外，更重要的是 IP 会通过其自身的话题、流量反哺原本的商业。比如，迪士尼的米老鼠除动画片外，还有遍布世界的迪士尼乐园以及米老鼠的服饰、文具等周边，让粉丝们的情感价值在这些产品上得到宣泄和寄托。

三是 IP 的全产业链开发。想要 IP 引领形成新的消费价值观，就要对全产业链进行深度开发。消费者不是因为一两款爆品就会对 IP 产生持久情感，并为这种情感埋单，而是因为 IP 本身蕴含着更多的情感价值，才使得用户愿意购买周边衍生品。全产业链开发就是使这种 IP 化生存得到充分体现。

IP 化生存下之所以有潜力和力量引领新的消费价值观，就在于 IP 本身以及衍生品与用户的情感连接够牢固够稳定，才能驱动用户在产业链中配合企业的开发行为，实现变现。

1.3.3 “流量 + 用户 + 产品”一体化的售卖逻辑

IP 化生存需要的是“流量 + 用户 + 产品”一体化的售卖逻辑，简单来说就是将流量、用户与产品打包销售。在售卖之前，我们需要详细解析流量、用户、产品各自的 IP 特性。

首先，流量是基础。在 IP 化生存中，流量是检验与衡量 IP 商业价值的重要标尺，流量规模越大，所吸引的用户规模也越大，IP 的商业潜在价值也就越多。再结合商业运行规律来看，流量越多，其 IP 化也就越有开发价值。

其次，用户是主体。IP 化生存所带来的变革之一就是用户，用户是 IP 化的主体力量。而 IP 要想达到理想的规模和状态，就要靠用户加以实现。比如，有数据显示：2017 年腾讯 QQ 月活跃账户数为 7.83 亿，微信及 WeChat 的合并月活跃用户数则高达 9.886 亿。有了庞大的用户规模基础以后，腾讯接入其他的 IP 品牌与产品当然就是锦上添花的事情。

最后，产品是媒介。在 IP 化与用户之间连接的是产品，产品在很大程度上决定了和代表了一个 IP 能够成功，有怎样的认可度。

综合来看，IP 化是将“流量 + 用户 + 产品”一体化打包售卖的商业逻辑，流量为基础，用户是主体，产品是媒介，IP 将三者紧密联系在一起，建立起现代商业世界的 IP 化城堡。

1.3.4 持续的人格化演绎，实现用户的情感消费

在 IP 之前，商业世界是以产品为纽带的物质性交易，而在 IP 化生存法则中，情感成为驱动用户消费的高级精神力量，IP 的人格化更为这种情感级消费添加原动力。

IP 是新商业时代的核心竞争力，以超前的思维方式和表现力，成为用户情感消费的基础。粉丝为 IP 衍生品埋单，无论衍生品是何种形态，存在渠道是什么样的，超级 IP 均能产生巨大的商业变现价值，而实现这种消费。

在引领新的商业模式进化形态时，IP 化会有更多的内容生产能力，可以带动和引领消费价值观，而持续的人格化演绎则是让这种 IP 化生存有更强大的生命活力，最终实现 IP 化生存的传播与推广，以及实现用户的情感消费。

1.3.5 游戏主播 PewDiePie，进化成人格化超级符号、超级 IP

如果说内容是超级 IP 的起点，那么，形成独特的魅力人格化则是超级 IP 的进阶层次，同时这种进阶也伴随着 IP 化生存和商业价值而步步深入。

维多利亚风格的老旧房子，斑驳的墙壁，昏暗的过道阴森恐怖，推开吱呀作响的门，屋内陈设的画作灰暗，透着不安和诡异。定睛观察，画面突然开始变化，一幅更加诡异惊悚的画面隐约透出，渐渐清晰。然而，让人出奇的是，在游戏画面的屏幕一角，PewDiePie 正用夸张的表情和搞笑的风格解说着，他常常会在紧张气氛达到顶点时，哼上一小段随性的自创旋律，消解恐怖感。

这就是当年被称为“全球最赚钱的游戏主播”PewDiePie 的解说，与以往的主播卖萌、发嗲声的主播风格不同，PewDiePie 更像是一个表情夸张、声音嘶哑吼叫着的表演者。PewDiePie 上传的视频内容多是经特效剪辑后的视频解说，在 Youtube 频道，PewDiePie 会上传短视频，时长多为 15 分钟以内，很多视频单个浏览量都在 300 万次以上，个别的可以突破 500 万次。

在福布斯发布的“YouTube 高收入网红主播排行榜”上，PewDiePie 在 2016 年以 1 500 万美元的收入高居榜首。后因其视频中有恶搞犹太人的内容，遭到 YouTube 一段时间的封杀，收入有所下滑，但粉丝量不减。至 2019 年初，仍占据 YouTube 平台流量最大的主播位置。

PewDiePie 之所以能够如此成功，很大程度上得益于自身的娱乐细胞的展现，以类似主持人超级脱口秀的表现形式，创造性的表达，因此赢得了众多围观者的喜爱。

PewDiePie 本身以超高的知名度和受欢迎程度，进化成人格化超级符号、超级 IP，当提到 PewDiePie，大家都会知道是那个在 YouTube 网站上的游戏主播。

第 2 章

IP 化搅动各行各业，中产阶级也纷纷“抢滩”IP 新市场

IP 化经过 2015 年到 2017 年的酝酿与发酵，正在以强大的力量搅动着各行各业，中产阶级也在纷纷“抢滩”IP 新市场，我们可以从主流 IP 与新媒体 IP 中看到这种趋势。无论是主流 IP 中的文学作品、动漫、明星，还是新媒体 IP 中的网红、二次元，都成为 IP 商业价值存在和释放的对象。另外，“IP+ 餐厅”和“IP+ 服饰”也开启了创新性联姻关系，引领新的潮流。

2.1 主流 IP

主流 IP 发端于 IP 化最初的原始状态，经过市场与资本的运作和调整，目前已经有相对成熟的体系和机制，常见的主流 IP 有文学作品 IP、游戏 IP、影视 IP、动漫 IP 以及明星 IP 等。当然各大主流 IP 之间也有差异化，但绝大部分都是中产阶级“抢滩”的 IP 新市场。可能早就存在，但在新文创的环境下要有变异，也有的需要锻造出新的体系和机制适应 IP 市场环境。本章节就为大家揭示各大主流 IP 的真面目。

2.1.1 新文创阶段主流 IP 的主要特点

2018 年的影视作品出现多部佳作，比如《我不是药神》这部电影，自上映以来获得广泛好评。但国内影业一直存在这样的现象：很多在国内叫好又叫座的作品在海外市场反响平平，比如《战狼 2》在国内创下电影票房的历史新高，在美国的票房却不尽人意。这反映出国内的影视行业缺乏强大的影响力。随着新文创阶段的到来和各行业相互融合的新趋势，将会带给国内影视行业新的思路。在新文创阶段下，主流 IP 具有以下两大特点。

1. 注重作品内容与新技术的结合

在新文创阶段，主流 IP 的制作在本质上是作品内容与新技术的完美融合，形成数字化制作体系。例如，美国的迪士尼电影在内容上汲取多位编剧的创作意见，融合前沿技术，大到特效、小到声效都有新技术的加持。《疯狂动物城》之所以获得奥斯卡最佳动画奖，正是出自新型制作体系和制作人员的用心，从而赢得观众的心理认同感，为后续开发提供了可能。

在国内，腾讯公司也开始走“文化内容 + 科技手段”这一特点的新 IP 化道路。通过英文版《王者荣耀》的上线，积极扩大海外影响力。在动漫方面，腾讯公司向多个国家授权动漫和漫画作品，其中包括《一人之下》等经典 IP。第十六届中国国际数码互动娱乐展览会上，腾讯公司副总裁程武说道：“向世界讲好中国故事，打造出更多受欢迎的中国文化符号，不仅是企业的机会、产业的机遇，其实也是国家进一步提升文化软实力的关键所在。”未来的腾讯公司将在新技术的加持下，为文化主体拓宽新场景，增加文化主体的推广力度，为人们带来全新的感官体验，满足人们逐渐增长的文化需求。

2. 以 IP 为核心，实现全产业的合作

新阶段下主流 IP 的另一大特点是以 IP 为核心，实现全产业间的合作。通过各企业相互合作，打造 IP 周边产品。例如，美国的动画电影《汽车总动员》在形象确立初期，便与生产商沟通，商定同款玩具的开发，使电影上映与玩具上市同步，从不同的方面维护 IP 的热度。腾讯公司在上映影视作品《择天记》时，同步推出游戏、动漫作品，实现 IP 的跨领域合作。

在当今时代下，实现 IP 化不能仅靠一家之力，需要融合各企业的力量，实现全产业的合作。正如腾讯副总裁、腾讯影业首席执行官程武所言：“文化，从来不是一个人的事，也不是一家企业的事，它必须汇聚这个时代最优秀、最前沿的力量。”只有实现全产业间的相互合作，才能在新阶段下扩大自身的影响力，才能使 IP 拥有新的活力。

随着科技的不断进步和企业观念的改变，IP 化的新形态势必会带领各企业走向更繁华的未来，带动各企业的经济增长，扩大自身的国际影响力，实现中国传统文化的发扬光大。

2.1.2 文学作品 IP

2017 年 1 月 30 日，大年初三，大型古装玄幻电视剧《三生三世十里桃花》在东方卫视、浙江卫视首播，优酷视频、腾讯视频等在线媒体平台播放。该剧讲述了青丘帝姬白浅和九重天太子夜华三生三世的爱恨纠葛。《三生三世十里桃花》改编自唐七公子同名畅销作品，原书首次出版以来，就热度不减，成为超人气的文学作品类 IP。

文学作品改编为电视剧不稀奇，但像《三生三世十里桃花》这样的超级 IP 在电视剧之前已经在全球有多个版本，积累了数以万计的忠实粉丝。另外，图书、电影版、3D 手游、漫画等不同载体形式均拥有超高人气，可见文学作品类 IP 的独特魅力。

文学没有界限，既可借助纸质媒介在全球多语言传播，也可以在互联网上风生水起。所以，文学平台间的联合与跨界，让超级 IP 有了天马行空的想象力。一方面，文学作品可以和游戏融合，诞生出《花千骨》《神墓》《仙魔变》等游戏，也可以和动漫、电影、话剧等跨界合作。

总之，文学作品类 IP 既是主流 IP，也在目前拥有了相对比较成熟的 IP 运作路线。一部文学作品，经过资本和人的精心打磨，很可能锻造出一个超级 IP，当然，前提是这个文学作品的内容得优秀，有人气和口碑。

由于有这个前提的限定和约束，使得很多影视剧制作者们早早开启了“抢滩”超级 IP 市场的极致攻略。好的作品结合资本的力量，再加上文学作品本身就是一座巨大的资源库，文学 IP 自然成为影视剧制作者争抢的对象。

而在文学作品这个大舞台上，网络文学成为一大分支，从网络文学中选取合适的作品开发成 IP，也是近年来超级 IP 的重点衍生对象，这是由多方面因素决定和促成的。

首先，时代大背景的酝酿。21 世纪前十年是网络文学的积淀期，大部分的网络文学中“大神”也是在那个时候一夜成名。而在 2010 年以后，网络文学开始逐步向现实时间探索，最主要的途径就是改编成影视剧作品。

其次，网络文学的特点。第一，内容要有一定的体量。比如，盗墓题材小说《盗墓笔记》最初发表在起点中文网，已出版实体书就有九本；第二，类型丰富，玄幻、穿越、言情以及近年兴起的青春伤感类题材，比如，《致青春》《匆匆那年》等；第三，受众范围集中，重合度高，网络文学的核心受众以年轻人为主，覆盖“80 后”“90 后”乃至“00 后”。

最后，传统文学趋势收窄。在网络文学 IP 热兴起前很长一段时间内，传统文学以及改编的影视剧作品占据很大空间，但传统文学由于种种原因呈现收窄之势，过去的经典作品很多已经被过度消费。也有些经典作品和 IP 化运作的特点有所错位，改编起来难度大，也不作为考虑范围。

以上三点正是网络文学的积累与兴起的历程和特点，而这些也正好符合 IP 的要求，当然，并不是说网络文学作品是文学类 IP 的全部，网络文学也有自身的不足，最明显的就是作者水平参差不齐，这点也是值得从业者甚至资本与市场需要慎重对待的问题。

所以，文学作品类 IP 在当下的局势下一片大好，成为主流 IP 改编的类型和渠道，但也隐藏了一些问题，投资者们想要从文学作品这块大蛋糕中分得超级 IP 的成果，也需要从多方面综合考量。

2.1.3 游戏 IP

2017 年 2 月 24 日电影《生化危机 6：终章》在中国大陆上映，不到 48 小时，该影片在中国内地的票房已经突破 4.6 亿，上映 6 天累计票房已经突破 8 亿。作为电影《生化危机》系列的终极版，《生化危机 6》的票房表现着实给力。

《生化危机》是一款角色扮演类的知名游戏 IP，游戏讲述了女主角爱丽丝在海洋馆事件后，因为美国联邦政府计划以核弹彻底毁灭浣熊市，便展开逃亡之旅，并受到生物武器追击者的追杀而感染了 T 病毒，之后又经历了一系列冒险大逃亡。而《生化危机 6》就是这场大逃亡的终结，爱丽丝经历种种考验和最终抉择，最终将一切恢复正常。

不了解该影片的人可能认为这只是一场科幻恐怖系列电影，殊不知，其实，《生化危机》本身就是改编自生存恐怖类游戏，且是不多见的成功跨界的游戏类 IP。而根据生化危机游戏改编而成的周边游戏、电影、小说等系列作品，可谓在全球开创了一个全新的恐怖时代，也吸引了无数粉丝为之倾倒。

游戏类 IP 一直是美国好莱坞电影抢占资源库的重点领域，据统计，从 1993 年到 2017 年，好莱坞一共制作了 32 部由游戏改编而成的电影。美国电影市场运作机制相对成熟，而且游戏本身汇聚了一批忠诚玩家，都为游戏类 IP 改编电影的票房收入做了一定的基础保证。同时，此类 IP 的类型化差别明显，这也区分了资本与市场。

从游戏行业看，游戏类 IP 产品都是从文学、影视或热门游戏等渠道获得授权，使用其角色、形象、图像、文字、情节等制作出的游戏产品。

中国的游戏 IP 产业由来已久，从最早的智冠版《笑傲江湖》开始，到划时代的系列单机游戏《仙剑奇侠传》，再到后来的《天地劫》《轩辕剑》《剑侠情缘》《古剑奇谭》等等，众多脍炙人口的经典游戏 IP 相继涌现出来，它们以感人的剧情、酷炫的场景、充满正义感的人设吸引了无数玩家的关注，成为了很多人童年美好的记忆。

现在，国内的游戏类 IP 产品也不仅仅是过去的三国、西游、武侠类套路，更多的是与网络文学、影视剧、动漫等“联合作战”。当然，评判一款游戏 IP 产品是否有开发性和盈利性，还要从多个方面综合考虑，包括收入、留存、开发团队、用户反馈、生命周期等。

游戏的 IP 化对行业以及市场有非常大的积极作用，新型 IP 模式甚至可以起到教育市场的作用，可以说未来五年，游戏 IP 的蛋糕还是很大的，各大企业纷纷“抢滩”加入也有道理。

2.1.4 影视 IP

影视 IP 从严格意义上讲，并不能算是 IP 的分支，它是在 IP 基础上衍生出来的全新概念。目前，影视 IP 主要指的是由网络文学作品改编的影视剧，当然，这并不是影视 IP 的全部，其实，一切被大众追捧或有可能被大众追捧的作品和文字所改变成的影视作品，都可以被称为影视 IP。这其中的关键就是被改编的作品要拥有大量粉丝，影视 IP 依托的就是成熟作品所带来的“粉丝经济”，利用作品的粉丝，来为影视剧带来保底的收视率。

近年来，每年都有不少 IP 影视上映，比如：2018 年的《扶摇》《延禧攻略》《斗破苍穹》《香蜜沉沉烬如霜》等，2017 年的《孤芳不自赏》《择天记》《三生三世十里桃花》《河神》《海上牧云记》等，2016 年的《欢乐颂》《诛仙青云志》《微微一笑很倾城》《锦绣未央》等。可以说，网络小说以其广大粉丝群体所带来的巨大价值和影响力，已经成了影视 IP 的主要来源。

文学作品与改编的同名影视 IP 就具有相辅相成的关系，有些影视剧借着原著的人气，获得了大量的关注，赢得了很高的收视率，比如《盗墓笔记》，有些原著则凭借影视剧的播出获得了更高的经济价值，比如《甄嬛传》。总之，两者的结合可以帮助双方提升人气，创造更大的收益，实现共赢。

此外，国外的大 IP 也在国内取得了不错的成绩，占据了很大的市场份额，比如美国的漫威超级英雄 IP 电影，日本的动漫 IP《名侦探柯南》《海贼王》等所改编的电影。

如今影视 IP 在国内蓬勃发展，各大影视公司都在争相开发优质的爆款 IP，并让 IP 变现，使其成为赚钱的法宝。这种对 IP 的打造在一定程度上颠覆了以往影视剧编剧宣传的流程，成为一种潮流，引领了行业的发展。

当然，影视 IP 的范畴不仅仅是改编电视剧这一个渠道和途径，更多的是融合多重介质和平台，包括游戏、动漫等，当下热门的“互联网 +”趋势也助推影视 IP 成为最受追捧的 IP 变现形式。

相对来说，影视 IP 是距离大众最接近、粉丝基础最庞大的 IP 大通道，而支撑这些的非粉丝力量莫属。

例如，由韩庚、大 S、吴尊等主演的民国武侠电影《大武生》上映不到一周，众主创的粉丝已经创造了一系列令电影从业人员都叹为观止的景象。在电影首映日，全国各大城市的院线门口摆着粉丝自发送上的花篮，就像一场盛况空前的庆祝活动。另外，粉丝们为偶像刷微博上热搜，去电影院支持“爱豆”贡献票房等，也都是“粉丝经济”的普遍现象。

当然，有粉丝支撑不是保证影视作品销售业绩的“万灵药”，因为仍然有不少叫好不叫座的作品。影视 IP 是主流 IP 中体系相对完备的一种类型，也受到影视圈和资本的关注，版权费用水涨船高就是最好的证明。未来至少五年内影视 IP 的发展依然处在高速发展期，资本也会随之跟进。

2.1.5 动漫 IP

动漫，即动画和漫画的合称，指动画与漫画的集合，两个概念词各取一字组成新的词语表达意义。日本是全球知名的动漫大国，有非常强大和健全的动漫产业基础，动漫也已经成为日本的第三大产业，年营业额高达 230 万亿日元。

动漫最直观的视觉感受就是虚拟空间有多重人格表现的虚拟人物，看似空无，也有很强的延展性优势，动漫作品可以创造多个类型，可塑性强，但真人扮演却很难有这样的效果，多面性较差，并且开发商还要考虑商业风险和受众情况。

从日本动漫作品中，我们能看到多个深入人心的主题代表性作品。比如，以女生为目标群体的《百变小樱》《美少女战士》《NANA》等。以男生为目标群体的也有许多代表作，比如，运动题材的《灌篮高手》《网球王子》，侦探推理主题的《名侦探柯南》，以探寻为主题的《海贼王》《七龙珠》，还有以忍者为主题的《火影忍者》。

而这些动漫形象以作品在 IP 延展性上也体现了很大的优势，例如，“哆啦 A 梦”超级 IP，在中日美等国家均积累了超高的粉丝基础和品牌认可度。所以，引入中国市场的原著电影《哆啦 A 梦：伴我同行》，上映仅 4 天就创造了票房累计达 2.37 亿元的超人气业绩，轻松刷新内地引进日片票房纪录。

这些作品为什么会有如此强的吸引力？仅仅是因为可爱？当然不是，归根结底，这是源于动漫本身的伴随性特征，是代表一代人的青春记忆。

《火影忍者》终结，这部伴随了我们 15 年的忍者题材动漫作品也画上了句号。还有《名侦探柯南》，从其开播之日起，到现在已有 20 余年时间，已先后历经了 4 任编剧，目前仍在连载中，在这 20 余年里，它陪伴着无数人度过了自己美好的青春，这样的强动漫 IP 当然也蕴含着不小的开发价值。

还有美国迪士尼代表动画角色——米老鼠，是一只有又大又圆的耳朵、穿靴戴帽的小老鼠，话不多却总是会随着轻快的音乐而跺脚、跃动、吹口哨，如此可爱的形象，瞬间博得无数人的喜爱。从 20 世纪 20 年代末诞生到 2017 年，米老鼠已经成为一个近百岁的“老人”，但魅力却始终未曾削减。

动漫角色可以伴随观众和粉丝的成长，这是其他类型的 IP 人物不可比拟的，而动漫 IP 又赋予了动漫角色新的内涵，有更多的延展性载体，包括图书、玩具、服饰、动画片甚至搬上大银幕也成为现实。

而在中国的动漫市场，也有众多的创作者和漫画创作师在打造中国自己的优秀的动漫产品，加之资本与市场的运作，品牌体系的完善，动漫 IP 也会有更广阔的发展前景，吸引更多的人投入其中。

2.1.6 明星 IP

毋庸置疑，明星的号召力和影响力是巨大的，其所带来的粉丝经济必然也是巨大的。在当红的明星中，诸如鹿晗、赵丽颖、杨幂、胡歌等，每个人都有自己的后援会，都有数千万粉丝。

粉丝们对于明星的追捧是疯狂的，他们会关注明星的一举一动，关注明星的每一个生活细节，包括他出席各种活动的穿着、说话的方式，甚至是一个不经意的表情。他们会不断地模仿明星，通过明星的态度来决定自己对事件的观点，通过明星的情感来决定自己的喜怒哀乐。当明星获得成功时，他们会第一时间送上自己的赞美：当明星遇到挫折时，他们会倾尽所能地给予安慰；当明星遭人诋毁时，他们会自发为明星辩白，给予其坚定的支持，哪怕明星并不认识他们。

我就以鹿晗为例来进行说明，要说起 2017 年娱乐圈的大事件，恐怕就要数鹿晗大方公布恋情这件事了。

在 2017 年十月黄金周的最后一天，鹿晗在微博上公布了自己和关晓彤的恋情，一时间千万粉丝疯了，整个微博系统为之瘫痪，之后连续数天的热搜均被其承包，鹿晗表白体更是刷屏朋友圈。此外，各大海外媒体也对其进行了报道，这件事在韩国、泰国都引起了轰动，引起海外粉丝的疯狂热议。

由此，我们可以看出，仅仅是公布恋情就可以造成如此巨大的轰动，明星对粉丝的影响力可见一斑，明星不仅拥有庞大的粉丝群体，而且还对粉丝有很强的黏性。

如果说明星本身成为聚集粉丝群体的磁场，而 IP 则是为这种磁场力呈倍数放大提供了平台和契机。明星不仅可以通过唱歌、拍摄电影电视剧、代言、出书、当导演等唱、演、导三栖发展模式实现变现，还可以走更为多元化道路。

明星本身就是一种 IP 资源，特别是一线有超高人气的明星。而且，明星 IP 的优势在于强转化、高流通、多渠道。明星本身的资源挖掘性也很多，他们可以通过自己的影视作品为 IP 站台，也可以开发新型 IP 盈利道路，毕竟明星的本体以及虚拟形象的商业价值无价。

当然，明星 IP 本身也有风险和隐忧。明星 IP 往往通过数十倍甚至几十倍放大明星自身的价值，才能对接动辄数亿的“可观收入”，但明星的市场热度有期限和范围，需要资本与明星经纪公司慎重考虑。一味与明星绑定在一起，想在二级资本市场捞一把，而一旦合约到期，这样的公司非常容易成为真正的空壳公司。

2.2 新媒体 IP

新媒体在近年来有愈演愈烈之势，有更多的发展变现之路，网红、自媒体、二次元、品牌原创等，这些看似没有联系的事物却都有一个共同的发展趋势，那就是 IP 化。IP 化在搅动各行各业的同时，也给行业内外的人带来新的思考和机遇。从这些新媒体渠道下走出来的 IP 化都有鲜明的个性特征，也暗藏着共通之处。本章节就带大家深度探究新媒体的 IP 化。

2.2.1 网红 IP

近年来，打造网红，造星运动兴起，众多知名网红相继涌现出来，风靡网络，他们或以迷人的长相，或以甜美的嗓音，或以自身的专长，或以鲜明的个性，或以独特的表演风格，受到了上千万粉丝的狂热追捧，在网络上被广为传播，掀起了一波又一波的风潮，带动了一个产业的发展，成为一个时代的标志。

我们就来说说一个名不见经传的网红欢子。欢子本名曹欢，在没做网红之前，他和很多从农村出来的年轻人一样，是一个城市的打工仔，他在菜市场当过搬运工，在家具厂当过学徒，也曾做过收入微薄的小保安。可就是这样一个看似普通的年轻人，却在 2016 年在头条号创办了一个专业于原生态农村题材的视频平台——欢子 TV。

经过一年的发展，欢子 TV 创作了 400 余部小视频，用最真实的镜头还原了乡村的淳朴生活，赢得了众多粉丝的关注，据统计，截至 2017 年 10 月，欢子 TV 拥有 52 万粉丝，其视频的最高阅读量达 700 多万，全网的总播放量超过 2 亿，欢子因此成了年入 50 万元的网红。

草根成名，欢子为此付出了很多，他回顾自己的奋斗历程时说：“当初开始做的时候，父母都非常反对，村里人也都觉得我不出去打工，天天在家待着是不务正业的，可我还是顶住了压力。一开始，我只是想试着做，有人看我就继续发，没人看就算了，可后来我做的视频受到了不少人的关注，他们给我留言，说看了我的视频，开始想念家乡。这让我深受鼓舞，我觉得我做的视频可以让那些在外打拼的人感受到家的味道，我做的是有价值的。这样，我就一直坚持了下来。”

虽然欢子的名气和收入，跟那些动辄年入上千万的网红大神比起来，还差了很多，但他的故事是励志的、积极的，为喧嚣浮躁的网红行业注入了一股清流。

当然欢子的成功除了靠自身的努力外，也依赖于网红经济的高速发展。

如今，网红经济已经步入了 2.0 时代，这个时代的最大特点就是网红的全产业链模式，这种模式是经纪公司和网红孵化器负责汇聚筛选和培育网红，社交直播平台负责宣传造势，直播用户和网红店铺则成为网红变现的渠道。

在这种模式下，网红“一夜成名”已经不算什么，其成名时间可能缩短到 20 分钟甚至更短。

网络推手们可以对网红进行全方位的打造，通过多渠道、多手段的炒作，凸显其某一方面的个性，来引爆眼球，利用网络的迅捷性，在短时间内迅速吸引大批粉丝。

因此，企业就应该对当前的网红 IP 热潮予以足够的重视，搭建全产业链的运作模式，深入挖掘网红背后的商业价值，将自身产品的优势和网红的特点专长深度融合，利用网红在粉丝中的巨大号召力，宣传企业品牌，凸显产品差异化优势，塑造专属的商业形象，使其成为重要的流量入口，从而分得网红 IP 的红利。

2.2.2 自媒体 IP

自媒体时代人人都可以成为发声器，互联网以及移动互联网的发展，给所有能够触网的人提供了展示的平台，平民化与大众化让自媒体融入更多可塑性元素。无论何时何地，每个人都能依靠“病毒式传播”和“六度空间理论”（又称小世界效应，你与世界上的任何一个陌生人之间的间隔不会超过 6 个）的传播方式经营自己的“媒体”，因此，信息的速度和规模也实现了无限制放大和多重空间的释放。

有了互联网的助力，从制作和发表上传，最快几秒钟即可，而且，人人都可以成为自媒体，这是传统电视媒体、纸质媒介所无法比拟的。因此，互联网也成为时下最受欢迎的主流媒体。其中就有不少知名的自媒体人，比如，高晓松。

著名音乐人高晓松跨界主持的网络脱口秀节目——《晓说》，2012 年开播，共有两季，每季 50 多期，每期 20~30 分钟。主要内容是高晓松作为主持人点评并谈论当下最热门的话题，并打造出视频化的“高晓松专栏文章”。每个月《晓说》还会邀请嘉宾制作一期特别对话节目。

高晓松对《晓说》的定位是这样的：“一不当公敌、二不当公知，一切只因闲来无事小聊怡情。上说星辰满月，下说贩夫走卒，动机绝无不耻，观点绝不中立。”

凭着内容与创意上的独辟蹊径，《晓说》一举夺得 2014“年度网络自制节目”的桂冠，并与《中国好声音》《梦想合唱团》等优秀电视节目并肩获此殊荣，也因此成为自媒体的大赢家。

自《晓说》之后，媒体人也开启了“名人 + 自媒体视频”的路线，比如，罗振宇的《罗辑思维》、葛甲的《互联网茶馆》等。自媒体节目在社交网络媒体的传播有先天优势。

第一，名人本身就是焦点，自带流量，有粉丝就是喜欢高晓松随性聊天，不拘泥刻板；第二，社交分享裂变。除了视频媒体传播外，《晓说》这样的视频化作品还可以在微博、微信、QQ空间、人人等社交网络中传播，影响更多的人；第三，新媒体的强势资源。比如，优酷视频为《晓说》栏目倾注了很多优质广告资源，包括在其首页和客户端首页进行专区式推广。

据统计，2017 年，在自媒体领域的上亿融资超过了 15 个，腾讯、阿里、百度、今日头条等巨头纷纷入局，搅弄风云，争相投资爆款自媒体 IP，扶持原创内容，一时间，自媒体领域呈现出一派欣欣向荣的景象。

当然，自媒体的发展除了靠媒体人自身的运营外，还与其平台息息相关，如今，直播平台迅速崛起，成为巨大的流量入口，自媒体也从原来的微信、微博向直播平台发展，众多为人所喜闻乐见的小视频涌现出来，成为自媒体 IP 发展的新趋势。

在 2018 年第二届中国新媒体峰会上，北京追踪影视文化有限公司董事长兼 CEO 张宇彤在演讲中总结了当前自媒体行业的几大变化：① 主流平台发展增速，新平台类型涌现，多平台共生发展；② 短视频成为资本“宠儿”；③ 自媒体人迭代速度快，向零界限发展；④ 变现途径逐渐增多，目前除了依靠广告和电商变现以外，很多自媒体还扩展出红人电商、内容电商等多种变现手段。

自媒体 IP 以其能更加贴近大众生活，迎合他们的心理需求的特点，收获了众多粉丝的支持，未来在资本的带动下，必将迎来更加美好的前景。

2.2.3 二次元 IP

2017 年 2 月 24 日，大型三维成人武侠动画连续剧《画江湖之不良人》荣获自媒体数娱梦工厂颁发的 2016~2017 年度最具价值二次元 IP 大奖，以奖励其在顶级国漫以及泛娱乐全产业链开发方面的卓越表现。《画江湖之不良人》自 2014 年上线后，已经连续播出两季，截至 2016 年年底，《画江湖之不良人》第一季全网播放量累计超过 38 亿。

2016 年 10 月，《画江湖之不良人》的研发公司若森数字在 2016 年推出《不良人 2》手游版，24 小时内营收即破 500 万元。可以说，《画江湖之不良人》是国产动漫中里程碑式作品。而在之前，公众对二次元 IP 的认识大部分都来源于日本动漫产品。

像日本和美国这样的文化超级大国，动漫是主流的娱乐方式，其产品也是票房大户的保证。但是，二次元不等同于动漫，例如美国好莱坞的动画大片《大圣归来》就是属于二次元作品。

动漫和二次元是两个概念，动漫是一种内容的表现形式，但二次元是作为当前主流的动漫内容衍生出的一种文化。二次元，原义指的是二维平面空间，也表示精密影像式测绘仪，现在常用来指 ACG 领域所在的平面世界，包括动画、漫画、游戏等视界产物。

不管定义如何，动漫与二次元都在国内发展势头强劲的行业分支且前景也普遍看好，其中手游行业是不可小视的领域。艾瑞咨询发布了《艾瑞 2016 年中国二次元手游报告前瞻》，报告显示，中国二次元手游处于上升发展期，伴随 IP 泛娱乐概念的普及与兴盛，新一轮的二次元手游将迎来发展高峰。

快看漫画 APP 于 2014 年上线，不到半年即估值 9 亿元。官方宣布，快看漫画在两年时间即实现日活跃人数突破 727 万。快看漫画平台连载漫画作品超过 1 000 部，签约漫画家 500 余位。其中不乏人气高达百位的作品，其漫画作品有超过 100 万册实体出版物。

据统计，2017 年我国二次元产业产值已达到 1 500 亿元，复合增长率达到 20%，大量资本开始涌入二次元产业。比如：知音漫客获得卡氏中国基金、长江广电文创 5.67 亿元的战略投资；玄机科技的秦时明月获得掌趣科技、微影资本和兴旺投资数亿元的天使投资；绘梦动画也获得了腾讯、梧桐树资本 1 亿元的投资等等。

截至 2017 年末，国内已有 90 余家二次元企业获得了 100 次投资，总金额近 40 亿元，相比于 2016 年的 24.5 亿元和之前两年的 5.46 亿元、1.62 亿元，其投资额明显呈现出了井喷式的增长。

第一，哔哩哔哩（bilibili）。

哔哩哔哩直播是国内首家关注 ACG 的二次元弹幕视频直播互动分享平台，简称“B 站”。B 站以购买内容版权的方式，通过广告和游戏实现盈利，另外，还会与游戏厂商分成。B 站还借助阿里巴巴的大文娱东风，双十一、双十二的全民购物狂欢开展联合营销，用户可以在淘宝客户端发送弹幕、搭建二次元社区。

B 站的核心 UGC 内容是吸引用户根本，保护其核心用户，拓展和吸引边缘用户，成为 B 站二次元的重点。

第二，半次元。

半次元主打的是为动漫爱好者包括角色扮演者、插画师等搭建的二次元社交平台，鼓励 COS、绘画同人创作，为二次元爱好者提供交流平台以及社交服务。半次元主打绘画、漫展和 COS 板块，包括玩家二手商品交易、插画师约稿等，探索二次元的商业盈利模式。

第三，燃也文化。

燃也文化主要是通过售卖“动态漫画”实现盈利，借助漫画技术，将静止的漫画转换为“动态漫画”，再包装后出售给用户。同时，对漫画作品进行恰当的运营提升产品内涵，赚取中间盈利。

“动态漫画”是一种介于漫画和动画之间的视频表现形式，在漫画图片的基础上进行特殊动作处理，令人物和漫画中的事物可以做出简单的动作，如走路、拉开门，镜头也可以产生推拉摇移，再加入旁白、对话和背景音乐等辅助效果，用户就像是在看抽帧的动画，且制作成本低廉，运作效率高。目前，燃也文化是国内唯一一家专注该领域的动画制作公司。

第四，神奇百货。

神奇百货 APP 是一款专注于青少年消费需求的泛二次元电商客户端，平台主要以二次元相关的周边产品，以“95 后”群体为切入点，为用户“标签化”。神奇百货在 2016 年年初获得千万元融资，红极一时，其创始人当时年仅 17 岁的高二女生王凯歆也被称为“神奇少女”。但不到一年，由于种种原因神奇百货即宣布破产，官网倒闭。

从以上四个二次元社区产品的玩法来看，有玩得不错的，也有玩死的，但这也显示了当前国内的二次元 IP 仍然处在上升发展阶段，且和萌芽期没有完全断开关系，其成熟的商业环境和运作体系也需要时间沉淀和考验。

二次元 IP 作为新媒体 IP 分支，其更多是借助当下消费群体转型升级的契机，而“90 后”、“00 后”网络原住民已经开始拥有经济能力，能够为爱好和兴趣埋单。目前，二次元 IP 仍然处在发展期，相关运作团队还需要经验与积累，但中国市场和用户已经表现出极大的兴趣和爱好，当然，也要有行业内完善的发展体制做保障，设置和打造二次元 IP 的全产业链运营布局。

2.2.4 品牌原创 IP

《天龙八部》《神雕侠侣》《笑傲江湖》等一系列武侠小说使得金庸成为家喻户晓的武侠剧作名人，且跨度时间很长。

经过多年发展，金庸 IP 已经搭建成文、影、视、游、乐的跨行业生态构建体系，对武侠影视、武侠文学、游戏等形成反馈性影响，诸多金庸小说改编的作品就是最好的见证。可以说金庸武侠小说连同金庸本人都已经成为武侠文化领域的品牌型超级大 IP。

IP 最终起源于文学、影视与游戏，但近年来也有新生事物丰富 IP 的内涵和概念，比如，熊本熊超级 IP。

最初熊本熊是由日本熊本县为带动当地旅游发展而设计的吉祥物，现在已经成为全日本最受欢迎的吉祥物，而熊本县也快速提升了知名度。熊本熊之所以能够快速席卷亚洲，也是由多重因素促成的。

首先，造型呆萌，软圆兼备。熊本熊全身以黑色为主色调，还带有红色腮红，周身圆软，有思想、有性格，诞生之初几经修改，成为日本家喻户晓的卡通明星。

其次，给力的推广宣传。日本熊本县政府为推广宣传熊本熊给予了大力支持。以“公共品”策略，自由开放版权，允许日本商家参与注册，这也快速提升了熊本熊的知名度。

最后，塑造品牌 IP。熊本熊作为超级 IP，已经跨出更广阔的发展空间，与多行业融合，包括主题商店、出演电影、上时装秀等，让熊本熊 IP 释放更多能量。跨界性发展不仅助力日本熊本县当地旅游和农业取得蓬勃发展，也传播到中国、韩国等。其衍生品销售额也快速增长，到 2018 年首次突破 1 500 亿日元。

从以上三点可以看出熊本熊的 IP 路线类似于迪士尼超级 IP，但后者显然有更高的产业化集群。迪士尼 IP 的商业变现是将动漫 IP+ 主题公园相结合，制定了完善的纵深发展战略。

无论是主打武侠路线的金庸 IP、呆萌的熊本熊 IP 还是集成化的迪士尼 IP，虽然看似毫无联系，却都是以品牌原创为核心动力，让受众感受到独一无二的形象体验，无法替代。

品牌原创 IP，首先是一个品牌，一个知名品牌，覆盖受众广，即使没有买过熊本熊的主题商品，当你看到熊本熊的形象时，也会被它瞬间打动，尤其是女性消费者，这就是品牌原创 IP 的魅力。

如果单纯从打造超级 IP 的角度，可能无法想象到底该是什么样子，因为 IP 本身可能飘在云端，但我们可以从打造品牌的角度反馈到 IP 创作中，而品牌需要什么？品牌元素、品牌产品和品牌文化。我们可以从这个角度探寻品牌原创超级 IP 的切入点。

第一，定位型的品牌元素。

品牌不仅是一种符合，也是一种商业力量，而超级 IP 需要有品牌元素。超级 IP 也正是从元素定位开始的。迪士尼 IP 有多个子品牌，包括面向女性消费者的公主系列，面向儿童的米老鼠唐老鸭，面对男性的漫威英雄系列，还有小熊维尼系列、皮克斯系列、卢卡斯系列等，均有特定的符合元素，也蕴含了强大的商业力量。

第二，具体化的品牌产品。

金庸 IP 的品牌产品是由一个个精彩的武侠故事、影视剧、游戏等构成的。当然，产品之间也有变异和革新，进而为受众呈现丰富多样的产品体系。

第三，可塑性的品牌文化。

没有品牌文化，品牌原创 IP 无法拓展出更深层次的内涵。品牌本身需要由故事支撑和丰富，向受众传递更牢固的形象，在碎片化的时代，同样要有可塑性的品牌文化，不断地为其填充，直至打造成品牌超级 IP。

品牌原创 IP 化既是品牌自身的成长过程，也是跨平台、跨品类的探索融合过程，超级 IP 也需要有品牌化的经营，同时，得到受众的喜爱和认可。与粉丝互动、分享，支持内容原创和再生，这才是品牌原创 IP 的创造之路。

2.2.5 全球咖啡界唯一虚拟人物卫叔，咖啡品牌的超级 IP

长满络腮胡子，身体健硕，有腹肌，戴着黑框墨镜，深得女性喜欢的酷大叔，他就是大卫之选咖啡品牌的虚拟代言人——卫叔。

作为全球咖啡界唯一虚拟人物，卫叔通过与用户互动，博得用户“芳心”，成为大卫之选咖啡品牌的最大卖点。卫叔 IP 还开发出衍生品，包括“卫叔”表情包，与已经成为粉丝的用户互动，也以此吸引那些尚未了解卫叔的潜在粉丝。

大卫之选咖啡馆大本营坐落于北京鼓楼大街，是一个三进四合院，也是中国首家电商型咖啡馆。大卫之选咖啡馆开始在众筹网上线，主打“电商咖啡馆”概念，这也是众筹用户们看好大卫之选的重要原因。说到电商品牌，大卫之选咖啡馆更是大卫之选独立电商品牌的线下实体店，可以说，大卫之选从诞生之初就带有不一样的光环。

虚拟人物卫叔 IP 形象的出世非常偶然，大卫之选联合创始人刘金星表示，当时是想用一个外国“小鲜肉”模特拍摄一则广告，结果当天意外换成一位肌肉男大叔。没想到广告投放后效果非常好，然后就想是不是可以将这个大叔做成二次元的形象，并赋予这个形象更多的人性化特点。于是，虚拟人物卫叔诞生了。

有了初步的人物形象，还需要更深层次的营销，让更多用户认识和认可卫叔。刚开始，卫叔只是出现在大卫之选的产品页面和包装，主打年轻人群体，推出后非常受欢迎。

然后，通过用户调查，为用户画像，发现用户群体集中在一、二线城市的“90后”，消费能力强，三、四线城市用户也占了半数。这些用户群体的共同特征是情感诉求强烈，而大卫之选可以借用卫叔的情感传递撬动更大的消费需求。

于是将卫叔塑造为一个偏向蓝颜知己的形象，还具备高超的撩妹技能，看起来很雅痞，沟通起来很萌贱，而这正迎合“90后”都市女性消费群体沟通需求的特征。

有了虚拟形象、目标受众、情感路线以及情感风格，卫叔这个 IP 该如何与用户互动呢？那就是多方位的社交网络渠道。

首先，卫叔有自己的个人微信号，可以与粉丝一对一沟通，后来因为达到上限人数，除了微信，卫叔还在探探、陌陌、映客、Instagram 等社交平台聚集粉丝，数量超 20 万。刚开始还可以以私聊的形式与粉丝互动。

通过这种模式，卫叔将众多粉丝汇聚起来，以个人魅力、话题、咖啡课和专享优惠，帮助用户实现从消费者到粉丝的转型，也让卫叔有了更高知名度。

鉴于后来人数太多，卫叔精力又有限，所以大卫之选的卫叔开始了社群模式。卫叔以自己为王，形成娱乐、管理和咖啡文化的三大皇宫体系，另外，还有负责各大群日常管理的乾清宫，各类话题的储秀宫、景仁宫、太医院、御膳房、养心殿、给社群发展献计献策的御书房。

有了社群和皇宫体系，卫叔开始打造新的形式，玩出新花样。比如，微信群在线互动晚会，以“语音 + 照片 + 小视频”的组合拳，吸引超过 3 000 用户。粉丝在社群中开始找到自己的归属感，参与话题互动，发展小群体等。最终向自主化管理方向发展。

刘金星表示，大卫之选品牌需要和用户建立新的关系。也这是基于这一设想和期待，大卫之选借用卫叔 IP，在品牌与用户之间建立起一种类似于网红与粉丝的新关系。

打造卫叔形象的过程，本身就是游走在多变的二次元与互动的三次元之间，可以呆萌，也可以撩妹，形成虚拟空间中可交互的“电商网红”。卫叔与用户的这种特殊关系的建立和稳定，也为卫叔 IP 的跨品类发展提供了可能。

比如，粉丝在购买咖啡的时候，会不会想要一些辅助品，比如，零食、坚果、果干等，也就是初级的关联销售。然后，和直播跨界合作，突破时空与更多粉丝互动一起嗨。当然，卫叔 IP 还有更多的玩法，建造咖啡品牌的超级 IP。

2.2.6 新文创阶段下的国民 IP：一禅小和尚

相信大家对一禅小和尚并不陌生，一禅小和尚是大禹动漫旗下的短视频产品。呆萌可爱的小和尚和具有智慧禅性的师傅在短短几分钟的视频里诉说着大多数人生活中的种种经历，用心灵鸡汤式的对话使人们困惑的心灵获得解脱。新阶段下的一禅小和尚已成为国民级的 IP，在全网获得五千多万粉丝，各网站的播出大获好评，短视频播出量累计四十亿次。

在新文创背景下，一禅小和尚如何做到大获全胜的呢？大家从以下几点做法中可以获得一些启发。

1. 寻求差异化

目前的自媒体短视频普遍播放的是帅哥靓妹、唱歌跳舞、搞怪美妆等内容，大禹动漫创作的一禅小和尚反其道而行。首先，风格不同。具有普遍性的短视频更像是喧嚣热闹的都市，一禅小和尚是令人心灵平静的世外桃源。大禹动漫探索出不同的风格，风格带有看破世事纷扰的佛家气息，以佛家寺庙为主要场景，禅机式对话为主要内容，带领人们远离喧嚣，使人们获得心灵上的洗礼。其次，内容不同。一禅小和尚的视频每集只有一两分钟，内容虽短却能吸引观众的观看。一禅小和尚的对话内容由于取源于人们的真实经历，人们在观看的同时很容易获得心灵上的共鸣。《大鱼海棠》等国漫的内容是一个完整的故事，故事和人物不可分离，当故事落幕时人物也一起退场；一禅小和尚每集视频的内容只讲一段具有禅性的生活哲理，人们的生活经历源源不断，视频的创作灵感也就得以持续，其具有长久的延续性，且制作成本比大型动漫电影低。

2. 注重维护 IP 形象

虽然一禅小和尚取得的成绩颇丰，但大禹动漫并没有连续不断的接拍广告。大禹动漫在关注粉丝感受的同时，十分注重维护一禅小和尚的 IP 形象。接拍广告的频率几乎是每几个月才拍摄一次广告，并且严格协商广告与品牌的协调性。大禹动漫更加注重与出版社的合作，《一禅小和尚》第一版图书已销售十几万册，第二版及外文版真正筹备中。大禹动漫更加强调一禅小和尚的文化价值，前不久开启线上《一禅小和尚》的心经礼盒，势必将其打造成经久不衰的精品 IP。大禹动漫这种坚守原则的态度也使粉丝越来越喜爱一禅小和尚的短视频。

正是因为大禹动漫对短视频一禅小和尚的精心呵护，才使其在新阶段下，突破重重难关，成为国民 IP。

2.3 IP 的商业价值不只存在于泛娱乐领域

IP 的商业价值不只存在于泛娱乐领域，那还存在于哪些领域呢？具体说来，就是 IP 从泛娱乐形态中快速渗透，形成了新的商业生态全维度，最显著的就是热门 IP 跨平台，实现多元开发和推广。而获得 1 亿元意向投资的泡泡玛特则是玩转二次元 IP 跨界，在泛娱乐领域掀起一股新的热潮。

2.3.1 IP 从泛娱乐形态快速渗透，形成新商业生态全维度

一切商业皆内容，一切内容皆 IP，IP 从泛娱乐形态中快速渗透，形成了新的商业生态维度，这也暗示了 IP 的商业价值不只存在于泛娱乐领域，在不同的行业有着一致的战略打法，这就是 IP 化。从迪士尼、YouTube，到鹿晗，IP 浪潮已经席卷全球，是一场互联网领域的革命，更是未来商业的游戏新规则。

在 IP 的商业价值表达中，IP 本身不只是对能够打动用户的内容，还是自身带有势能、价值和流量的综合体，以强大的吸附力和商业潜能，对用户、产品、渠道等进行 IP 化运作，最终形成新的商业生态。

IP 的商业价值由泛娱乐领域体现出来，实现商业变现，但 IP 的商业潜力又不只存在于泛娱乐领域，而是从泛娱乐形态以渗透的方式，影响更深层次的商业生态。

IP 作为移动互联网时代新的连接符号和话语体系，可以有效帮助企业、品牌以及个人迎接与应对 IP 时代的变革和挑战。IP 化的日益成熟，已经形成一种全新的商业形态，影响着越来越多的用户。

2.3.2 热门 IP 跨平台，实现多元开发和推广

在泛娱乐领域，IP 处于产业链的最高端，文学作品、动漫、影视作品、游戏等主流 IP 是 IP 开发的重点内容，而新媒体 IP 下的自媒体、二次元、品牌原创等也是新兴领域，具有很好的开发潜能。

这种大环境背景下，热门 IP 以跨平台实现多元开发和推广逐渐成为主流趋势，例如，动漫、影视作品的 IP 化开发就成为当下最热门的 IP 跨平台发展典范。

并且，跨平台发展也逐渐形成多元化、深层次的立体发展模式，各个娱乐形式摒弃“各自为政”的局面，开始向融合性方向拓展。

在美国，迪士尼动漫 IP 化运营和好莱坞续集大片模式是最典型的 IP 跨平台发展代表；在日本，动漫 IP 全产业链运营使动漫产业成为其国民经济支柱型产业。从国内 BAT 的 IP 布局来看，各大商业巨头也在纷纷就 IP 化加紧战略部署。

百度不断加大影视、文学等内容产业的投入，运用百度大数据对 IP 化进行泛娱乐产业布局。阿里巴巴则是以资本为纽带整合 IP 资源，依靠旗下内容分发平台打造 IP 电商的独特模式。腾讯以 IP 授权为核心，依托游戏运营和网络平台，实现电影、音乐、动漫等多领域、跨平台的商业拓展。

IP 的商业价值体现在泛娱乐领域，而表现形式是通过热门 IP，开展跨平台的跨界合作，最终实现 IP 化的多元开发和推广。

2.3.3 泡泡玛特玩二次元 IP 跨界，获意向投资 1 亿元

国内领先的 IP 综合运营服务商——泡泡玛特于 2017 年 1 月 25 日正式挂牌新三板，股票代码 870578。泡泡玛特以连锁零售、IP 运营孵化和商品开发生产为主营业务。

泡泡玛特作为国内大型潮流玩具运营商，其主营品类之一就是潮流玩具，截至 2017 年 2 月，泡泡玛特已经在北京、上海等一线城市开设 30 余家直营门店，还在天猫开设旗舰店。主要售卖自主开发商品与国内外知名潮流品牌的商品，包括潮流玩具、数码周边、家居生活、文具饰品、食品糖果等多个品类。另外，

泡泡玛特还自主开发社交电商平台“葩趣”APP，该 APP 于 2016 年 6 月上线。

泡泡玛特专门签约二次元 IP，主打 IP 化运营，以连锁零售的方式渗透泛娱乐的核心理念，引入 Molly 等小玩具，为其提供设计、生产服务，线上线下售卖。

泡泡玛特 CEO 王宁也非常看好自己的连锁零售，认为以 IP 化运营会打造一种全新的零售方式。作为一个“85 后”，王宁非常清楚都市年轻人对潮流玩具的喜爱，然而在 2010 年年底开设第一家泡泡玛特时，他并没有非常清晰的路线。最艰难的时候过去后，泡泡玛特迎来转机，获得麦刚投资。而后泡泡玛特的经营模式也获得投资人的认可，2016 年 6 月，泡泡玛特创始人王宁获意向投资 1 亿元人民币。

2.4 “IP+ 餐厅”开启创新联姻

“IP+ 餐厅”将会开启什么样的创新玩法，这样的联姻又会碰撞出怎样的火花？本章节的重点就是 IP 和餐厅的主题化。要想从餐饮入手，与 IP 联姻，最直接的方式就是 IP 主题餐厅。开设一家 IP 主题餐厅要有对 IP 和餐饮的双重深度思考，包括这个品类有哪些特征，以及独特的体验设计关键点，如何在创新融合中把握好主题餐厅的发展方向等。本章节就教你玩转 IP 主题餐厅。

2.4.1 IP 主题餐厅所选 IP 的三大特征

在餐厅中摆放一些动漫 IP 产品周边，播放几首有名的动漫音乐歌曲，就是动漫主题餐厅吗？很多人将特色餐厅与主题餐厅混淆，当然市面上也不乏伪主题餐厅，其定位不清晰，菜品、环境、主打文化都与主题性不契合。

实际上，特色餐厅与主题餐厅有联系但也有区别，后者肯定包含前者，但前者无法等同于后者，因为特色餐厅往往很难算作真正意义上的主题餐厅。因为主题餐厅除了在环境氛围、装饰陈设以及菜品展现上有鲜明的风格外，还有更深层次的开发，就是 IP。

现在，IP 主题餐厅有主要两个类别，一是原创型主题，比如，主打女仆、橄榄油主题、有机生活主题等，基本上都是依据新的定义自创的主题；二是固有型主题，比如，以各类文学或人物形象为主题的餐厅，包括海贼王、周星驰、Hello Kitty 等，其概念都是固有的，直接拿来进行加工创作。

既然是主题餐厅，当然少不了主题使用场景，这是用户步入餐厅以后最先接触到的主题氛围。其核心重点还是主题 IP，精准覆盖核心目标粉丝，而不是所有大众，就是我们通常所说的发烧友。受众面收窄，更需要开发忠诚粉丝的多重消费能力。

以上内容是对 IP 主题餐厅有个概念性了解，如果您想开一家 IP 主题餐厅，运作 IP 餐饮类实体店铺，必须注重其主题的形象要鲜明，精准覆盖目标消费者，还要有故事性的多样化元素，便于日后开发再创作。总体来说，需要把握好 IP 主题餐厅所选 IP 的三大特征，如图 2–1 所示。

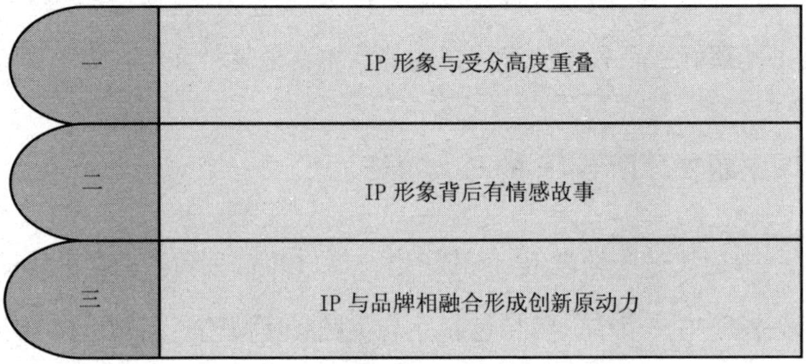

图 2–1　IP 主题餐厅所选 IP 的三大特征

第一，IP 形象与受众高度重叠。

IP 主题餐厅本身就是对特定人群设定，当消费者进入以后，会勾起对 IP 以及衍生品的回忆，有美好的体验在其中，才能有相应的吸引力，让客户愿意到这里消费。

日本的哆啦 A 梦主题咖啡馆，为食客们提供哆啦 A 梦最爱吃的豆沙包，还有机器猫蛋滑饭，充满浓浓的哆啦 A 梦风情，满足你对哆啦 A 梦的所有幻想。

第二，IP 形象背后有情感故事。

IP 主题餐厅不只是因为独特的美味吸引消费者，更是因为 IP 形象的背后有情感故事，故事可以走感伤路线也可以是单纯呆萌，但可以让客人们很容易联系到自己，这就够了。如果想要 IP 形象更丰富一些，可以选择那些家族式的 IP 主题形象，为主题餐厅释放更丰富的情感。

一部《白熊咖啡厅》动画片让人们记住了咖啡厅的主人——白熊，在日本东京就有一家白熊咖啡馆主题餐厅的实体店，进入店中客人们可以看到白熊和朋友企鹅坐在咖啡桌边的样子，白熊圆圆滚滚的背影瞬间萌化人心。

第三，IP 与品牌相融合形成创新原动力。

IP 本身就带有唯一标识，这也是其能与主题餐厅深度融合的根源，包括餐厅的环境、菜品、形象、用户体验等，如果说，IP 是相对虚拟的存在，那主题餐厅就是虚拟变成现实的客观内容，形成 IP 主题餐厅创新的原动力，让外界知道“仅此一家”，辨识度非常高。

IP 主题餐厅所选 IP 的三大特征分别从 IP 形象与受众、IP 形象与情感故事、IP 与品牌融合的角度切入，让你全方位了解主题餐厅之 IP 特征，这也是资本和参与者选择主题餐厅前必须要考虑的问题点，毕竟选择一个好的 IP 才有可能开设一家真正的主题餐厅。

2.4.2 独特体验设计的三大关键点

IP 主题餐厅在店铺装修、菜品设计、服务体系等硬装与软装中，相比一般的特色餐厅都有很强的风格感，这是从餐厅对 IP 化的演绎方面的诠释，就是将 IP 主题餐厅的内涵尽可能外化，呈现给消费者。

但是，从另一个角度反观 IP 主题餐厅，用户是如何感受到这种不一样的情感，单纯依靠店铺装饰或菜品饮料吗？当然不是，IP 主题餐厅还要有独特的体验设计制度，让用户真正感受到主题餐厅的 IP 化。

第一，沉浸式情景。

典型的例子就是日本东京池袋藤原大厦的银魂主题咖啡厅，动漫类的 IP 化。银魂主题咖啡厅以“现实世界与作品世界的融合空间”为概念。

将餐厅背景设为了归还欠款，主人公坂田银时率领万事屋成员开了这家店，号召大家都去该店消费，以拯救万事屋。这样的背景环境，会让现实世界中喜爱银魂的发烧友将自己当成万事屋成员进店消费，将 IP 主题与情景沉浸在一起。

另外，银魂主题咖啡厅播放《银魂》特别视频，策划剧中角色高杉晋助和志村新八的生日活动，让用户参与各种互动体验，在娱乐中享受有用户个人痕迹的作品世界。

第二，边玩边食。

让用户进店以后边玩边食，体验美食与玩耍的双重快乐，最具代表性的就是台湾 Brick Works 乐高积木主题咖啡厅。Brick Works 乐高积木主题咖啡厅是台湾第一家咖啡与乐高积木深度结合的 IP 主题咖啡厅。

在外观设计方面，该咖啡厅从装潢到展示品，都有浓浓的乐高风情，连蛋糕的餐叉也是积木形象，充分突出主题性。还有各种甜品类餐饮，让你在玩中享受美食。

用户体验方面，可以在咖啡厅内购买到各种乐高积木模型，自己亲手 DIY 组合后带回家。小朋友还可以在厅内玩积木，有专门的老师负责指导。这一切都是为了让进店顾客边玩边食，尽情享受。

第三，角色扮演。

在日本东京的 GUNDAM Caf é 高达汉堡主题餐厅，服务员身穿高达制服，为食客提供主题款汉堡，让顾客在店内享受一番角色扮演的乐趣。另外，还有日本东京的爱丽丝主题餐厅，以儿童文学的 IP 类型，店内服务员装扮成爱丽丝的样子，让用户感受到来自作品世界人物的服务。而且，服务员还会与顾客互动，演唱主题歌曲等。

沉浸式情景、边玩边食、角色扮演，都是以独特体验设计为目标，确定的三大关键点，只有有了这些元素，IP 主题餐厅才能称之为主题餐厅，IP 化才可能诠释出主题的深刻内涵。

而这三个关键点都是考虑到顾客的嵌入使用场景而设计的，充分调动顾客的五官感受，从视觉、味觉、听觉、触觉、嗅觉等全方位体验，IP 主题餐厅的特色，让发烧友在这里找到作品世界里的感受。

2.4.3 “IP+ 餐厅”做创新融合的两大核心点

“IP+ 餐厅”是将餐厅以新的含义进行包装，加入 IP 的精神实质和内涵，表现在主题餐厅的方方面面，当然，二者不是简单的罗列叠加，而是要追求真正意义上的创新融合。“IP+ 餐厅”在创新融合方面有两大核心点，一是菜品造型，二是门店设计。

在菜品造型方面，将 IP 中的故事、角色等体现在菜品的主题中，才能抓住发烧友挑剔的胃口。

从 2017 年 3 月 30 日开始，柯南主题咖啡馆将在日本东京、京都等 10 个城市举行限时活动，为期 1—2 个月。咖啡厅为粉丝们推出原创菜单，包括“名侦探柯南汉堡”胶囊药甜品“APTX4869 慕斯”等，菜品均源于剧情。

柯南主题咖啡馆还根据剧情推出角色扮演式的拉花咖啡，手指泡芙以及漫画中灰原哀喝过的鸡蛋粥等，店内所有的菜品都可以找到出处，让顾客真正体验式融入作品世界。另外，在店门口还有摄影区，区内放置角色立牌和玩偶，方便顾客合影留念。

柯南有了主题餐厅，海贼王也加入进来。IP 海贼王主题餐厅 BARATIE 同样来自日本东京。该餐厅主营西餐，菜品均以海贼王人物和剧情为原型，每一道菜品都可以契合剧情场景，在创新方面，餐厅还有动画播放实况跟进，还有限定套餐，回头客非常多。

在门店设计方面，IP 人物或形象作为店铺装潢的主角色，将整体的布局以及细节都融入门店设计中，也是 IP 主题餐厅的一大核心。

东京彼得兔花园咖啡厅是以英国女性作家暨插画家碧雅翠丝·波特(Beatrix Potter)所做的童书《彼得兔的故事》主角彼得兔为原型，整个店铺装潢呈现经典的英伦田园风格。比如，在咖啡厅的门口，设计成小花园的入口，木质雕花桌、桌布，都与 IP 角色有关，还有主角彼得兔以玩偶形象遍布咖啡厅。

从菜品造型到门店设计，主题餐厅与角色高度融合，给顾客带来沉浸式的场景视觉体验。菜品代表了餐厅文化和品质，门店代表招揽顾客的诚意和用心，也让主题餐厅的 IP 化属性更显成熟，毕竟在顾客最能看得到的地方才能显示创新融合的深度与广度。

当然，IP 主题餐厅也面临一个非常明显的问题，就是顾客靠猎奇心走进店铺，新鲜感过去了很难拉到回头客，审美疲劳以后再创新再融合也晚了，而这也恰恰显示了菜品、门店以及服务的重要性。

“IP+ 餐厅”的创新与融合，需要在菜品上有所突破，在门店设计中有所特色，另外，还要在经营上下工夫，将两者的融合体现在日常运营管理中，避免陷入“叫好不叫座、回头客流失”的怪圈。

IP 化主题餐厅可以有很强的生命活力，吸引发烧友们汇聚于此，但其实质还是主题的文化底蕴，有了 IP 和餐厅的融合，还要有健全的服务创新体系，IP 的品牌产品在变，主题餐厅也可以适时跟进，就像海贼王主题餐厅的菜品随剧情更新一样，以保持持久活力和生命力。

2.4.4 IP 主题餐厅未来创新的三大方向

未来 IP 主题餐厅的创新方向是以高新技术为支撑，丰富 IP 化呈现的方式和内容，将 IP 主题餐厅打造成与作品世界无限接近的梦幻城堡。从目前来看，IP 主题餐厅未来创新有三大方向，分别是新媒体技术、全息投影、人工智能。

第一，新媒体技术。

2016 年 6 月“不朽的梵高”感映艺术展在厦门开幕，艺术展采用最新的 SENSORY4™ 感映技术，运用多路动态影像、环绕音响式音响和 40 多个高清投影，将多屏幕投影技术与展厅画廊巧妙结合，清晰动态展示 3 000 多幅画面。

与画展类似，舞台剧《OZ 的魔法王国》也运用新媒体特效技术，将投影于 LED 背景，呈现主人公与电子屏幕互动的景象，改变以往舞台剧的实物背景，突破空间束缚，让观众产生身临其境之感。这给了 IP 主题餐厅启示，我们是不是也可以让屏幕与顾客互动起来？

第二，全息投影。

全息投影技术也叫作虚拟成像技术，是利用干涉和衍射原理纪录并再现物体真实的三维图像的技术。全息投影技术能够在空中产生立体化的幻象，还能和表演者互动，参与表演。全息投影可适用于产品展览、舞台表演以及娱乐项目等。而 IP 主题餐厅的娱乐性质，当然可以借助全息投影让 IP 形象更加真实立体。

其实，早在 2010 年，初音未来即在东京演唱会中使用过半全息投影技术，成为全球第一个使用半全息（2.5D）投影技术举办演唱会的虚拟偶像。

早在 2016 年 4 月，肯德基推出首家概念店“Original+”，以个人智能服务场景新理念对外开放。在此概念店中，顾客可以观看由全息成像技术打造的 Q 版机器人魔法炸鸡秀短片，让顾客特别是小朋友近距离感受高新科技的魅力。

而在未来的主题餐厅中，运用全息投影技术观看主题作品人物的表演，也成为可能，甚至你可以与其共进晚餐，全息投影也让 IP 化主题餐厅内的形象与顾客更接近。

第三，人工智能。

全球快餐巨头肯德基已经开始使用机器人帮助顾客自助点餐，还为顾客提供手机充电站、健身食谱、免费无线等贴心服务，人工智能已经进入餐饮业代替人工完成某些简单的重复性工作。这是不是意味着 IP 主题餐厅也可以考虑引入类似的人工智能机器人？

新媒体技术、全息投影、人工智能是 IP 主题餐厅未来创新的三大方向，帮助 IP 化形象更加立体真实，让顾客享受到完全沉浸式的主题餐厅体验。高科技改变生活方式已经成为共识，IP 主题餐厅的创新也要加入这些高科技成果。

2.4.5 憨豆先生主题咖啡馆，靠造型抓人眼球

当你逛街时，走过拐角不经意间，你发现喜爱的漫画形象或电影人物竟然出现在一家咖啡店里，是不是有十足的惊奇感？一定要进去看看！

憨豆先生的英国双层红巴士被嵌入了红砖墙体内？是的，就是在这家憨豆先生主题咖啡馆，你可以看到这样的景象。整个造型非常抓人眼球，哪怕瞥一眼也会被它吸引。

以享誉全球的喜剧角色憨豆先生为主题，憨豆先生主题咖啡馆主打 IP 界的人物型咖啡馆。店内咖啡选用手工种植咖啡原豆，精心研磨，将憨豆先生的诙谐幽默融入咖啡豆中，为顾客调制一杯正宗的英伦式咖啡。

在门店设计上，憨豆先生主题咖啡馆突出憨豆先生这一主题人物，从墙壁壁画到咖啡拉花随处可以见到憨豆先生的形象。整体的装潢风格是鲜明的英伦式，非常讲究，还有百年历史的装饰壁炉，透出浓重的英国家庭氛围。

浓郁芬芳的拿铁咖啡，甜度适中，在阳光下的午后给人慵懒舒适的感觉，而咖啡旁的缩小版人偶是夸张的憨豆先生形象，透着英式幽默，又能让顾客有英伦慢生活的体验。

憨豆先生 IP 带有典型的英伦风，个性鲜明，看似笨拙、幼稚，但带有典型的英式幽默，常常让观众捧腹大笑。而在憨豆先生主题咖啡馆，一切与憨豆先生有关的元素也都成为商业化运作不可缺少的部分，特别是憨豆先生高识别度的人物形象。

憨豆先生主题咖啡馆属于 IP 化主题餐厅的电影人物型分支，通过人物形象的扩展与再创新，迎合 IP 主题咖啡馆的主题需求。营造有憨豆先生的沉浸式情景需要对人物有深度把握，再通过菜品和门店陈设体现出来，让挑剔的发

烧友走进店中就被憨豆先生主题咖啡馆所折服，能够从中看到憨豆先生在店内的各个角落，特别是要有一些创意性的展现。

相对来说，憨豆先生这一主题相对集中，但容易给IP集群化带来一定困难，因为憨豆先生并不像迪士尼 IP 那样有丰富的子品牌，去填充主题餐厅，所以，除了在核心产品咖啡上下功夫外，还需要将憨豆先生这个 IP 进行放大再集中，比如，憨豆先生电影中出现的典型场景、人物甚至概念，进行具体化的呈现，丰富人物形象。

总之，本章节的“IP+ 餐厅”开启创新联姻，是围绕餐厅这一主题，结合 IP 化做出深度解析，当下 IP 主题餐厅的发展趋势越来越明显，未来市场竞争会日益激烈。另外，无论 IP 主题餐厅如何布置，其核心本质还是餐饮和服务，这点需要投资者注意，然后才能在 IP 化中走得更远。

2.5 “IP+ 服装”玩味 IP 新潮流

IP和服装有关系，你能想象吗？除了当下影视剧改编IP、游戏动漫IP热潮，看似和 IP 无关的服装也可以玩出 IP 新潮流！转型、创业、跨界合作，一个都不少。美特斯邦威与《魔兽》、街头潮牌与舞台剧、乐町与蓝精灵，跨平台将两个不同空间的事物有机融合在一起，创造出“IP+ 服装”的新潮流，这就是 IP 化对服装行业的新启迪。

2.5.1 美特斯邦威携《魔兽》单店突破 1 200 万元，创销售之最

美特斯邦威集团 21 周年庆之际，美特斯邦威与美国暴雪公司旗下第一网

游《魔兽世界》开展跨界 IP 合作。美特斯邦威携《魔兽》系列 MTEE 在聚划算热情开团。美特斯邦威推出的魔兽产品销售额轻松突破百万级别，带动单店销售突破 1 200 万元，创造了首发商品销售之最。

美特斯邦威作为知名的休闲时尚品牌，其目标受众群体就是年轻人，主打休闲以及运动风。在 IP 化趋势引领下，美特斯邦威积极探索 IP 化发展道路，与魔兽系列 MTEE 的合作就是其众多 IP 深度合作的范例之一。

此外，美特斯邦威又与迪士尼展开合作，取得其旗下大部分 IP 形象授权，并将这些早已深入人心的 IP 形象印制在美邦 MTEE 产品上，获得了广大消费者的喜爱，其在上海南京路旗舰店举行迪士尼系列发布会上，营造出了一个小型的迪士尼乐园，更是收获了不少好评，引起人们的热议。

与《魔兽》系列的合作还有很多，包括 2016 年 5 月 18 日美特斯邦威与《魔兽》电影在重庆美特斯邦威新华国际店的举办现场互动。

此次 MTEE《魔兽》电影系列新品发布会，与网红经济与魔兽资身玩家深度融合，再次掀起“云逛店”热潮。发布会活动主办方还力邀魔兽世界资深玩家林熊猫和魔兽争霸世界冠军、中国兽王 Fly，与斗鱼美女主播联合为发布会站台。斗鱼美女主播通过斗鱼直播平台，与百万围观者来到重庆发布会现场，在直播过程中林熊猫、Fly 在与 8 位斗鱼主播互动时，引发众多魔兽玩家围观。

承担发布会的美特斯邦威店内处处展现着《魔兽》MTEE 系列气息，蓝色的联盟象征从不退缩的勇气，而红色的部落 MTEE 象征了绝不屈服的霸气，演绎着部落联盟联手重温魔兽世界的激情。

美特斯邦威选择与魔兽 IP 合作并非随意组合，而是自有深意。魔兽世界本身就是一款人气超高的网络游戏，玩家群体非常庞大，本身就是一个值得注重的游戏 IP。而美特斯邦威与魔兽的受众群体都以年轻人为主，其中男性占多数，受众群体的高度重合是美特斯邦威与魔兽合作的重要理由。

其实，从与《变形金刚 2》合作，到与在世界上具有代表性的三大动漫、电影公司（美国梦工厂、日本三丽鸥、上海美术电影制片厂）合作，美特斯邦威已在与 IP 合作的道路上已经走了很多年，循着其成功的 IP 营销脉络，我们可以看出，美特斯邦威不只是走在服装与 IP 跨界的前面，更是抓住品牌 IP 经济的核心，借助自身强大的市场知名度与超级 IP 拥有海量粉丝的基础，通过排他性合作和系列营销运作，提升品牌在年轻群体中的号召力与影响力，从而实现产品销量高、市场反馈佳、合作模式好的多重盈利局面。

从美特斯邦威的 IP 化经营过程中，可以看出，选择合适的商家合作且获得其 IP 品牌授权，获得排他性营销优势，既避免了同质化，也沉淀了品牌文化，将热门 IP 的海量粉丝直接覆盖为自己的营销对象，才能取得不错的销售业绩和品牌成长效果。

2.5.2 街头潮牌与舞台剧《三体》跨界合作，实现完美碰撞

街头潮牌 Reshake 联手舞台剧《三体》，实现跨界合作，联合推出的“三体”系列服装现对外全面发售。

Reshake 国内时装化的高级街头潮牌，品牌以“KEEP IT REAL 做你自己！”为品牌核心，以表达“动力不止，年轻不尽”的潮流态度。Reshake 主打街头混搭风，为热衷街头文化的年轻人提供优质潮品和有态度的生活方式，创造出全新的潮牌风格。

同时，《三体》舞台剧是根据知名的中国科幻作家刘慈欣的《三体》改编的 3D 多媒体舞台剧。

《三体》作为科幻界的超级 IP，曾在 2015 年 8 月获得世界科幻论坛颁发的“雨果奖”最佳长篇故事奖。“雨果奖”被誉为科幻界的诺贝尔，其中最佳小说奖项更是重中之重、奖中之王，此前尚未有中国科幻作品荣获此奖项，刘慈欣也因此成为第一个荣获此殊荣的亚洲人，之后《三体》的知名度越来越高。

街头潮牌 Reshake 在《三体》火热之时与之跨界合作，受到各界及三体迷们的瞩目与期待，更是将“IP+ 服装”的跨界 IP 新潮流推向新高度。

本次跨界合作，由《三体》舞台剧的制作出品方 Lotus Lee 戏剧工作室承担设计重任，设计师们结合《三体》舞台剧提供的全套视觉元素，对《三体》IP 的服饰类产品进行了全面设计及深度开发。并根据 Reshake 的品牌核心与定位，实现街头时尚与神秘科幻的完美碰撞。

首批“三体”系列服饰共推出 8 个款式，在服装图案上，设计师选取了《三体》中的标志性元素，包括暗黑森林法则、机甲战士等，突出展示原画图案和标志性字符，将科幻元素带入潮流时尚理念。

在色彩搭配上，色彩以黑白灰为主，简单易搭配，也突出了三体的科幻感。在布料工艺上，合作系列款式服装全部采用高品质的双丝光棉面料，热胶转印的高品质印花，既呈现出不可思议的科幻世界，营造未来潮流幻想，又兼顾了穿着者的舒适感受。

无论是对街头潮牌还是舞台剧《三体》来说，此次跨界合作都是彼此的第一次尝试，也创造了全新的营销战略布局。主打原创设计概念的 Reshake，联合科幻 IP，成为其 IP 化发展的重要历程。

“IP+ 服装”的模式要想玩出真正的新潮流，还是需要费一番功夫，仅就理念创新融合就是个大问题。因为服装的设计与表达元素相对单一，而 IP 化的合作对象却“千奇百怪”，例如，此次 Reshake 跨界合作的《三体》。

对《三体》稍有了解的人都知道，《三体》属于硬科幻类的小说作品，通过语言描述和表达出极其复杂的情感和场景，恢宏壮阔，历史感和空间感强，如何将这些情感元素恰如其分地反映在服装产品上是个难题。此外，还要兼顾《三体》书迷与自身 Reshake 粉丝以及品牌文化的传递。

所以，这也启示我们，服装 IP 的跨界合作不能仅是为了单纯地抓人眼球，而随意选择合作对象，需要经过缜密的思考，综合各方因素，当然最好是热门 IP，其用户有重叠，才能有可塑性的想象空间。

2.5.3 乐町携手蓝精灵 IP，打造“闺密文化”

太平鸟旗下少女装品牌乐町联手经典卡通形象蓝精灵，在 2016 年 5 月 20 日到 5 月 22 日开展的“天猫 520 闺密节”期间，盛大开启跨界合作，在天猫首发单品。活动期间，供销售蓝精灵系列产品 2 万多件，销售额超 800 万元，另外，互动话题类阅读量累计超 500 万，评价超 1 万个，点赞 2 万多个。

第一，话题年轻化：蓝精灵助推闺密节。

蓝精灵是与米奇一样充满回忆的经典卡通形象，在 20 世纪 80 年代引入中国后，大受欢迎，连耳熟能详的主题曲也伴随蓝精灵动画片，成为一代人的怀旧记忆。随后又有了电影版蓝精灵。而主打少女风的乐町与蓝精灵 IP 的跨界合作，创作了又一个“IP+ 服装”的合作典范。

闺密一直是少女时代最重要的存在。乐町此次蓝精灵 IP 跨界系列重点打造的话题内容就是：好闺密，一起 Oohlala。Oohlala 原本是电影《蓝精灵 2》中小甜甜布兰妮演唱的主题曲，含义是不被外界所影响，不刻意，做自己，和我一起玩！

乐町由此提取出“Oohlala”这个关键词，表示闺密间亲密无间，有不说即懂彼此的默契，可以一起发神经，一起大笑，一起互损。Oohlala 既是由蓝精灵经典 IP 衍生的关键词，其谐音“哦啦啦”也寓意闺密之间不用说那么多。“我可以陪你做尽疯狂事，你的事就是我的事”，简单的话语即可传递心声，和闺密做自己，一起 High！这也折射出当下年轻人倾向于直接和直白的交友方式，总之要让蓝精灵全方位助推闺密节！

第二，产品时尚化：经典 IP 与时尚完美融合。

此次乐町携手蓝精灵 IP 跨界合作，打造“闺密文化”，在产品策划方面就突出了闺密与少女情怀，结合蓝精灵卡通形象，准确覆盖 18~25 岁之间年轻的目标群体。让时尚服饰与经典 IP 碰撞出别样火花。

乐町品牌本身就非常注重产品迎合时尚群体需求。比如，在产品研发初期就根据市场流行元素和趋势进行准备，包括产品的色调和面料选用等。还有在生产周期上，保证快速补单，最快半月生产周期，从设计到生产控制在 30 天内，满足时尚对快节奏的要求，做到快速反应快速出品，用个性化与差异化走出自己的路线风格。

专业运作才能保证产品紧跟时尚潮流，与经典 IP 合作也呈现完美融合的状态，此次与蓝精灵 IP 的跨界合作，乐町推出蓝精灵主题的特色品类以及动漫周边，通过获得正版授权拓展品牌的内涵，让经典 IP 和时尚实现无缝对接，完美融合。

第三，活动舆论化：社交网络助力预热造势。

与经典 IP 合作可以助力品牌在跨界合作中找到新的目标和方向，但实现营销目标还少不了活动舆论化。在此次跨界合作活动前期，乐町即借助社交网络提前预热造势。闺密海报、话题讨论、互动交流，在社交网络空间诠释什么是闺密文化。

乐町借助“天猫 520 闺密节”主题活动，打出“天猫 520，好闺密一起 Oohlala”的宣传口号，用主题海报释义闺密新定义。

话题讨论方面,适时推出多个与闺密和蓝精灵 IP 元素相关的话题,包括“我露齿大笑，你说，‘牙缝有菜’”“我装疯卖傻，你总能跟上剧情，果汁都能分你一半”等，在情感牌的同时，强调零距离的闺密文化。

此外，乐町品牌还强调与用户的互动交流，微博、微信、微淘等渠道，结合网红、大 V 的粉丝效应进行多渠道的互动，带有蓝精灵元素的街拍，强调产品出镜，让乐町与蓝精灵 IP 的融合体现极致细节。

在网店店招形象宣传方面，乐町旗舰店在闺密日活动期间，其店招、聚划算页面、新客页面、基准页面等都有显著蓝精灵 IP 展示。同时，注重精准投放，提高成交率。

乐町携手蓝精灵 IP 的跨界营销大大加强了乐町在天猫电商平台的 IP 化运作优势，将品牌文化实现了从实体到网店、从产品到用户、从社交媒体到营销渠道的全方位沉淀。

“IP+ 服装”的跨界合作，不只是一场营销，更是将 IP 化由最初的科技范畴扩展到快消品领域。IP 化确实在搅动各行各业，也促使行业以及品牌必须加快实现自我更新和自我质变。服装行业也由传统的营销模式拓展为与经典 IP 化的跨界合作，现在各行业内的巨头们正按照 IP 化的商业模式制定新的游戏规则，身处其中的你要懂得顺势而行方能逆袭。

第 3 章
IP 化商业定位：流行元素、价值观、世界观

打造一个超级 IP 绝对不是只有好的创意或题材就行，它需要经过一系列的商业化运作，其中最关键的核心就是 IP 商业定位问题。受众人群及其特征是什么样的，传播什么样的价值观，IP 的主题是什么，如何选取，这些都是打造超级 IP 的商业定位问题。因此，企业在开发和运用 IP 过程中，必须做好 IP 定位问题，为之确定严谨的流程，才能综合配置资源，实现超级 IP 的火爆之势。

3.1 找准受众人群，分析受众人群特征

目标受众有哪些？其背景有什么特点？他们的消费能力怎么样？是否愿意为 IP 产品付费，付费意愿到达哪个程度？这些都是针对受众人群分析的问题。运作一个成功的超级 IP 前必须对受众进行深入分析，就像打造品牌那样，摸清了你的目标受众，IP 运作才能真正进入工业化的流程制生产。

3.1.1 明确目标受众有哪些

在 2016 年的法国欧洲杯开幕期间，许多行业都希望借欧洲杯的东风聚拢人气，手游类足球游戏就是其中的热门“借势”行业之一。

因为体育类手游需要有强大的潜在用户基数做支撑，而欧洲杯正好激发和汇聚了很多潜在的用户，因此，体育类手游的成功更多依赖于球迷和动漫迷的粉丝经济。除了体育类手游以外，IP 的开发运营也需要有强大而准确的用户信息为基础，最主要的就是明确目标受众有哪些。

以游戏 IP 改编的电影为例，美国好莱坞的游戏改编类电影的票房收入主要依靠两部分，北美市场和海外市场构成的全球总票房，此类电影的投资规模相对偏低，多数集中在 5 000 万美元以下。再看回报率，游戏 IP 改编类电影

的成功率反而要高于那些所谓的超级投资拍出的大片。其中的原因与其目标受众的定位有很大关系。

游戏IP，特别是经典的超级IP，本身由于游戏基因已经吸引了一批固定的资深玩家，现在要拍成电影了，不管拍成什么样总要去看看，这也成为游戏改编类电影的先天优势，在创作时这部分用户就是核心受众之一，所以有了不惜花费高价也要迎合主流大众的思维。

行业规范使得受众群体更为集中。美国电影协会的分级规定，使得所有的游戏改编电影都被归入了“限制级”影片。这也意味着必须主动放弃儿童市场，对于制片方来说这也不完全是坏事，因为拍摄时的限制更少，可以在影片中出现毒品、暴力、粗口等内容，以达到刺激成年目标受众的目的。

从美国的游戏IP改编类电影的用户基础、投资回报率以及行业规范可以看出，IP的商业定位是保证IP衍生品成功的关键。

一个IP可以是一件作品，这个作品要给用户带来价值，满足用户的需求，所以，在创作作品前当然要思考并明确我们的目标受众到底是哪些，核心受众、边缘化受众都有哪些，如何获取他们？什么因素可以促使或激励他们选择我们的IP产品？只有解决好这些问题才能在原创IP、收购IP或者是合作IP时，有的放矢地寻找“猎物目标”，获得最高回报。

从目标受众分类来看，最普遍的就是群体性特征，此类受众的自然属性，包括年龄、性别、地域等，还是社会属性，包括受教育程度、婚姻状况、消费能力、性格偏好等，从年龄段还可以分为青少年、年轻女性、中年男性等，可以说属性特征越明显，受众区别度越高，这也是IP商业定位的出发点。

事实上，对于受众来说，他们需要的内容，也不一定是越优质越好。比如，用户在互联网获取资讯时，并不是看这条资讯内容好不好，而是看通过哪个渠道能够最便捷、最容易、最低成本地获取资讯。

因此，刷刷微博、朋友圈、浏览下门户网站推送的热门消息或标题，对于用户来说已经足够了，如果不是因为特殊需要，一般并不会耐心查看全部文章内容，尤其是大篇幅的硬新闻，碎片化时代，你很难让普遍用户在一般休闲时间段内阅读一篇 2 000 字的论述性文章。

3.1.2 了解受众背景是什么

目前，国内大多数所谓的 IP 并未实现预想中的商业价值，主要原因就是缺少对商业定位的分析：受众是谁，受众范围有多大，受众背景是什么，他们想要什么，如何触达他们，他们消费能力有多强，怎么让他们埋单。

商业定位清楚了，该投资多少，多少回报都会有个基本范围。很多时候打造 IP 和打造品牌有相通之处，比如，产品理念设计需要和受众群体准确匹配，由此拓展到情感风格、故事框架以及美术音效等具体化的 IP 问题，此外还有多种媒介形式之间的用户互动。

例如，《魁拔》是国产动漫类 IP，到目前共有三部电影问世，影片讲述了在一个架空的元泱境界中，天地两界共同合力对抗每隔 333 年就诞生一次的异常生命魁拔的故事。

影片也花了很大力气创设了一个晦涩的世界观，非常酷炫但只有成人才能看懂其中的复杂关系。

然而，主角却是一个 12 岁的二次元造型，希望以此吸引二次元人群。结果是成人一看海报就没了兴趣，进了影院的初中和小学生又难以看懂。可见有了酷炫的人物设定，精美的画面，还需要准确的受众定位才可能变现，成为超级 IP。

如果忽略受众背景，找不到特定受众的关键点，什么类型的观众都想覆盖，什么题材和元素都想囊括其中，对于作品而言是有致命伤的。相对其他题材类 IP 来说，其实二次元的动漫，其受众人群范围相对狭窄，受众背景比较统一，人群消费能力更是有限，品牌价值升级与变现是需要创作者全面思考的问题。

3.1.3　知道如何接触受众

接触受众是对 IP 商业定位中了解受众特征最重要的途径，我们只有接触到了受众，知道他们在想什么，想做什么，有什么实现的可能性，这样才能为 IP 找准受众人群，分析出受众人群的特征。

而从受众以及受众获取信息的角度看，他们更关注的是如何便捷快速获取信息，获取资讯时往往并不是看这条资讯的内容好不好，而是看通过哪一个渠道能够最便捷、最容易、最低成本地获取资讯信息，以及这些信息能够给自己带来有用的效果。

比如，一款由电影改编的游戏上线了，而自己是这部系列电影的影迷，肯定要去下载游戏玩一玩，于是打开官网或指定的下载渠道。在这条反应链中受众首先是电影影迷，然后转变为游戏玩家。而我们在接触这样的受众时，一定要深度了解 IP 产品的受众覆盖范围，以及可延伸范围。在如何接触受众的问题上，我们可以从受众本身以及渠道等多个方面进行探索。

例如，该 IP 可能会覆盖哪些受众，这些受众有什么样的群体特征，受众背景是什么样的，这些问题的答案就是我们接触和吸引受众的关键。另外，这些受众会以什么样的渠道和 IP 进行接触，这也是接触受众的方式与途径。

3.1.4 弄清受众的消费能力

在 IP 商业定位时，对受众的消费能力分析至关重要，因为产品需要受众消费与埋单才能形成实际的交易环节，产生效益和盈利，所以，开发 IP 资源前，非常有必要对受众的消费能力进行解构。首先，我们从受众自身角度进行分析。

第一，受众的经济状况。

包括目标受众的年收入、存款与资产、借贷能力等，这些情况直接反映出受众愿意为 IP 产品的付费情况。

比如，苹果对其用户的年龄定位就是 25~45 岁之间，消费特征是经济独立，消费能力强，同时对产品综合性能要求也相对较高。而苹果正是将产品与受众精准定位，在果粉和潜在消费者的心智空间中建立了独特的认知体系，自然与其他对手的手机产品形成隔离区。事实也证明，精准定位使得苹果在全球收获数以万计的忠诚粉丝。

第二，受众的性别与年龄。

必须承认男、女性消费者在消费方面有非常大的区别，男性的个人消费趋向于 3C 数码、游戏以及烟酒等，而女性消费者更愿意购买化妆品、零食和消遣类产品。

第三，受众的气质与人格。

受众的气质与人格也成为解构其消费能力的内容，比如，户外运动类 IP 就要突出勇敢坚毅、刚强不服输等品质，对应热爱户外运动的受众。而哆啦 A 梦超级 IP 更适合突出温柔贴心的气质特点。

以上三点是从受众的个人特征出发分析其消费能力，而消费能力还受社会因素的影响。

比如，社会文化、民族传统、地域甚至宗教等都可以对个人消费能力产生影响，IP定位有必要将影响受众的社会因素考虑在内。例如，美式或英式幽默是否适合出现在中国的电影IP中，受众能否理解并接受。

家庭背景环境也是影响受众消费能力的一大因素。在汽车广告中，我们常常会看到广告视频中对家庭与亲情概念的诠释，买一辆车给家人更好的生活品质，爸爸开车带女儿见识更广阔的世界等。这就是强调家庭对消费选择的影响。

受众的消费能力不仅包含他为IP支付的能力和意愿，也包括IP对受众的引导，有人说没有买家买不起的东西，只有他不想买的东西，这句话确实有一定道理。既然我们将某类人群划为我们的目标受众，那他肯定有能力为IP付费，剩余的事情就是看我们如何引导了。

3.1.5 被寄予厚望的《横冲直撞好莱坞》惨淡收场原因剖析

曾被影迷和电影公司老板寄予厚望的公路喜剧片《横冲直撞好莱坞》，最终以不到3亿元的票房收尾，要知道之前投资方预估的是10亿元票房，可见相去甚远。分析其原因，主要在于其前期的商业定位上出现偏差。

第一，标题与内容的差异。乍看之下，《横冲直撞好莱坞》这影片标题，估计多数观众都会觉得这应该是一部好莱坞式的大片，实际上并不是这样。

第二，笑点与受众的错位。因为赵薇、黄晓明和佟大为吸引进入影院的受众人群基本上都是在二、三线城市的人群，他们更倾向于观看中式幽默片，而该影片中出现的一些美式笑点，可能很多观众会在该笑的点上没有笑，不该笑的点上又很难理解。而且对那些只有美剧观众才认识的美国二线明星并不了解，更叫不上名字，比如《破产姐妹》里的Max，《生活大爆炸》里的Howard。

第三，受众人群覆盖偏差。事实上，那些真正喜欢看美剧的美剧迷大多数属于一线城市的高品位人群，这些人对作品以及演员都很挑剔，而且也更喜欢一些外国知名演员。而对于像赵薇、黄晓明、佟大为等这些本土明星主演的电影不太感冒。最后，《横冲直撞好莱坞》就出现了两类群体都不买账的情况。

用户定位的不精准直接导致了票房惨淡，本来打着“好莱坞”的旗号，让人误以为是高端大气上档次的国际范路线，打着搞笑、刺激的“探险式”戏码，实际上还是地道的中国片，只不过有些类似美式幽默的风格。

被寄予厚望的《横冲直撞好莱坞》最终惨淡收场，说明了一部商业电影具备了主演明星的高人气、好莱坞名导演，诸多明星的客串等多重利好因素，还是有可能无法取得高票房和好口碑，其中的差异与原因，与电影的商业定位有很大原因。

这部电影到底是给哪类人看的，他们有什么特征和偏好，在符合其消费特征和文化品位的同时，有哪些地方需要有所创新和突破。这些也都是 IP 化商业定位必须准确回答的问题。尽管《横冲直撞好莱坞》电影的总体表现不尽如人意，但我们还是期待有更多定位精准有所创新的 IP 电影诞生。

3.2 锁定价值观，价值观 = 价值

超级 IP 的价值观是什么，这里的价值观也代表了一种商业价值。超级 IP 需要有三大核心：具有自带话题的势能价值；持续的人格化演绎；有普世元素传递正能量。有话题的势能价值提供丰富内容，人格化演绎差异性，便于识别。究竟什么样的 IP 带有这些价值观，又该如何塑造这种具有此种商业价值的价

值观呢？请看本章节的深度解析。

3.2.1 具有自带话题的势能价值

具有自带话题的势能价值代表一切连接都成为可能，甚至人们的自主性意愿，我愿意和这个 IP 发生关系，它代表了我，我也代表了它。如果一个 IP 没有强大磁场性的力量，取得粉丝、潜在用户以及外围围观者的欢心，而是需要耗费很大的精力去进行转化和引流，那必定无法成为超级 IP。

很显然，超级 IP 具有自带话题的势能价值，比如，一部《西游记》超级 IP，无论是重播了 3 000 多次的 86 版电视剧，还是后来的翻拍版，改编电影、大动画等，西游记本身就自带大流量，无须刻意宣传与标榜。仅孙悟空、唐僧这两个角色，就衍生出多个形态。

再从粉丝角度来看，粉丝们之所以对某个 IP 或品牌抱有 12 分的喜爱和信任，仅仅是因为这个 IP 或品牌品质卓越吗？更是因为粉丝从中找到了属于自己的归属感，这种归属感具有很强的排他性，与其他 IP 或品牌隔离开来，经得起时间的考验。

甚至粉丝对其所追求的超级 IP 或品牌有种信徒式的崇拜。正如智立方品牌营销传播集群董事长兼 CEO 杨石头所说，“不断推出让他们欣喜的产品，第一次是相信，第二次是相信，第三次可能就是迷信。”

粉丝是产品或衍生品的最终付款者，我们当然要博得其芳心，那对自己的员工呢？超级 IP 也有自己的优待法则。

科技巨头谷歌为员工提供五星级标准的免费午餐；准许员工随意布置自己的工位；如果你无法忍受与自己的宠物分离的痛苦，那就带着它到公司上班吧；只用花非常少的钱就可以让孩子进入资源配备一流的谷歌托儿所。

谷歌对员工的优待往往超出外界人的想象，而这也成为谷歌品牌故事的构成部分，骄傲地对外界宣称，看，我们公司的员工多么优越，这就是我们的公司文化，粉丝们自然会产生更多的想象力，与此同时还有对品牌的认同感和归属感。而且，谷歌“不作恶”的企业理念，也促使全球科技界展开对企业道德准则的广泛讨论。

能够成为公众探讨的内容和主题，说明被讨论者或物本身具有话题性，甚至有很大的争议性，也给大家带来神秘感，大家才愿意在碎片化时代专门拿出时间和精力去参与探讨，综观多个行业领域内的超级 IP，也都具有该特性。

IP 以游戏、人物、歌曲、电影、名词等形式出现，借助特定的运营方式和沉淀，最终让用户产生归属感，而当这个 IP 推出其他跨界产品时，人们才会不顾一切地去购买。归根结底，还是 IP 自带话题的高势能价值发挥作用的结果。

3.2.2 持续的人格化演绎

如果说 IP 像是一个产品、一份原创专利，那么，超级 IP 则是自带流量、可扩展开发的人格化 IP，相比 IP，超级 IP 更强调自身的人格化属性。人格化是以人为中心，以个体化的内容生产，独特的人格魅力，符合小众化的亚文化传播机制。

以特定爱好或情感组成小众化社群，加以人格化理念，最终形成小范围内的团体性文化圈，而其中的所有产品表达和思想传递都带有这种被人格化的情绪，并通过标签以及有仪式感的活动进行传承。而超级 IP 正是以这种机制对外对内形成了持续的人格化演绎。

超级 IP 的价值就是以有血有肉的人物和深入人心的故事为载体，完成其人格化改造与再生，带有情感和温度的认同。

日本的动漫、美国的科幻电影，都有很强的人格化意味。日本动漫的伴随式成长模式让很多虚拟人物形象在观众心中成为永恒，多年以后仍然有很强的生命力，其改编的电影、游戏、衍生品销售火爆就是最好的证明。

美国的科幻大片除了高科技制作外，更多的是反映绝大多数人所向往的人格表现，拥有超能力，可以拯救和改变世界，其背后还内含了永恒的情感价值。

具备这些元素的超级 IP 都是能够进行持续的人格化演绎，向观众传递人类共有的理念价值，带有很强的人格化，也超越了国界和种族。

所以，基于超级 IP 本身，必须要有差异化的魅力人格，否则无法完成情感连接与传递，当然也就无法形成受众所期待的参与感与带入感。

在超级 IP 的人格化演绎中往往意味着一种真实的自我情感表达。真实、独特，能够让目标用户感受到这些细微的心理变化，小众而关键。

比如，动漫 IP 熊本熊的外形、动作、手势、动图配文，在活动现场与台下观众的互动，笨拙可爱的样子都是熊本熊所特有的，可以向公众传递情感和映射，看起来呆萌无害，也灵动可爱，告诉大家熊本熊就是熊本熊，有非常高的辨识度，粉丝可以投入真实的情感，这就是超级 IP 的人格化。

3.2.3　有普世元素传递能量

IP 代表的是一种具有永恒意义的价值观，简单来说就是具有普世元素，正能量强，有意义。网络小说、游戏、影视剧等这些 IP 的具体形态会因为高峰期消退、时代变换等各种原因消失在人们的视线中，甚至被人遗忘，但 IP 的普世元素是永恒存在的，可以长久流传下去的。

故事是推动 IP 发展与传播的重要催化剂，一个好的 IP 必定有一个好故事，虽然难以驾驭和复制，但有迹可循，这种痕迹就是普世元素。

《花千骨》讲述的是一个魔幻古装爱情故事，看起来是纯爱虐恋，实质上是一对灵魂伴侣的相爱相杀，除去任何一方，故事便没有了自身的价值。另外，表面看起来《琅琊榜》是复仇者的心路历程，其实也是在塑造一个完成使命的超级英雄形象。

归根结底，普世元素是人们对爱情、亲情、友情、勇气、民主、自由等一切美好事物和感情的向往，也是人们永恒追求的。虽然具体的表现形态被嫁接在不同的历史背景与环境中，但其精神内核是一样的，而且能够保持长久的生命力，其背后体现出永恒的价值观以及哲学世界观。

隐含在 IP 中的普世元素其实追求的是一种意义上的价值认同感以及文化上的共鸣，而绝不单纯是故事层面上的快感，更不是快速消费带来的短暂狂热。只有这样，当一种形式消亡了，IP 才可以立即切换到另一种新的形式里面去，维持本身的高价值和持续而稳定的变现力。

普世元素的根本立足点是人性，即跨越了肤色、种族、语言、地域、文化、时间等限制条件，是人们所具有的共性。一个 IP 作品如果可以把握好这点，就能保证其核心主体及衍生品能够覆盖最广泛的用户范围，低成本获取流量，进而提升 IP 的价值。

移动互联网时代，智能手机成为人们必不可少的科技产品，大家每天花费在网络上的时间也非常多，这使得 IP 有机会通过社交网络营销扩大知名度，取得用户基础。而且，信息传播速度可以用秒计算，无数人可能在同一时间知道了某件事情，IP 产品也会在不同的圈子内形成一种亚文化，比如，动漫、手游等。

同时，那些具备普世元素的 IP，具备正能量的人和物可以借助网络形成强大的号召力和传播力，比如，柴静的《穹顶之下》在一夜之间传遍网络，是因为大家对环境污染非常重视，更重要的是《穹顶之下》表达了人们对环境关注与忧虑的普世元素。

总之，每一个 IP 其内核都带有这种或那种普世元素，是大家关心的、渴望知道的以及向往的精神追求。IP 由具体的形态来承载，包括纸质媒介、电子影视等，本质上还是普世意义上的价值认同感以及文化上的共鸣，能够带给人们正能量，这样的 IP 才能跟随时代演变不断进化，展示更强大的生命力。

3.2.4 《万万没想到》成为超级 IP 的原因

《万万没想到》最初是 2013 年 8 月在优酷视频网站上线的一部网络热播迷你喜剧，由叫兽易小星执导，白客、孔连顺、刘循子墨等人主演。该剧主要以夸张而幽默的方式，描绘出草根王大锤在职场界、名医界和相亲界等意想不到的传奇故事，让人爆笑连连，惊喜不断，被称为“网剧第一神剧”。目前，《万万没想到》迷你喜剧已经播出了三季。

第一季主要集中讲述王大锤每天多姿多彩而又变幻莫测的神奇生活，汇聚穿越、搞笑、职场等当下热门元素。剧情内容也从焦点话题纵横到经典历史故事，以调侃的视角和幽默的语言在众多网络热播剧中独树一帜。

观众在体会到乐趣的同时，更获得一些有益启迪，尤其是对生活现状的认识和时下热点问题，剧中都采取调侃、荒诞不经的方式向观众进行内隐式传达，有思考有带入感，让网民不仅看笑话也看人生，传播正能量。

第二季中，主角王大锤再次以百变身份的国民男神正式回归，并继续在丰富多彩的生活中摸爬滚打。剧中也引入金牌创作团队为角色量身打造最精彩的幽默故事，围绕王大锤是否能够“当上总经理，出任 CEO，迎娶白富美，走上人生巅峰”，以及与孔连顺、葛布之间的三角恋情展开一系列爆笑故事。

与第一季一样，第二季继续以趣味性的剧情，融入现实生活的启发性，助力《万万没想到》延续强势 IP 风格。

第三季中，《万万没想到》主打“限量”概念，延续天马行空的喜剧风格，导演叫兽易小星带领原班人马，与大电影深度绑定，为网民奉献最火爆的网络迷你喜剧。王大锤轻松面对市井小民和九五之尊之间的角色转换，迎接新的挑战，收获人生每一个“万万没想到”的结局。

综观这几季的《万万没想到》，制作方万合天宜显然是想将其打造成为一个另类的“屌丝文化”范例。在观众看来，主角王大锤是一个敢于自嘲自黑又戏谑搞笑的角色，这种人物设定是真实存在于人物行为中，让观众欢笑的同时，又隐含了深刻的思考性内容。可以说，《万万没想到》完全成为超级 IP，其原因有三点。

第一，受众定位符合。

这部主打网络剧是由超过 70% 的男性主演，恰恰符合了目标受众的群体要求。另外，古今双拼的题材更加大了该剧的扩展力和展现力，不受约束的天马行空，实现毫无违和感的自由切换，符合草根气质。

第二，衍生品加持。

《万万没想到》在网剧界爆红以后，顺势推出同名手游和大电影。手游继续秉持原迷你喜剧的内容特色，多维度地深度黏合内容，多重表现方式，让玩家以导演身份挑选自己的演员，体验创作剧情与再现经典的游戏快感。可以预见，未来手游行业，将会有更多在泛娱乐模式下开启的手机 APP 应用。

大电影方面，《万万没想到》主角兼导演叫兽易小星力邀老前辈黄建新作为监制，大明星阵容为《万万没想到》电影版加持。虽然电影放映后实际票房收入与预期相差不小，但也说明了 IP 衍生品不一定是旱涝保收，需要有更深层次的精神建设去丰富内涵，毕竟创作一部口碑票房兼具的电影与制作 10 分钟左右的网剧相比，前者的难度明显要高出很多。

第三，IP 价值演绎。

《万万没想到》成为超级 IP，是因为其本质符合 IP 价值观，有自带话题的势能价值，剧中对生活的思考和启迪引发网民热议；王大锤这样的人在现实中不太可能存在，但代表了一种人格化的演绎；其搞笑幽默又不失内涵的艺术表现风格带有普世元素，在调侃中带有正能量。

这一切都是互联网时代超级 IP 最有价值的资产，因为有持续变现的能力。除了衍生品，其蕴含的“草根文化”和“快乐文化”尚有更多高性价比内容等待挖掘。

3.3 主题 IP 的选择：价值独特、生命力强

在为 IP 进行商业定位时，我们要选择什么样的主题 IP 呢？总体有两点特征，第一要有独特的价值，第二生命力要强。这两个特征具体来说，就是要形象鲜明、具有故事性、延展性强，这三点要求也是对主题 IP 的概括性总结。本章节以选择主题 IP 的要求入手，解读移动互联网时代的 IP 选择。

3.3.1 形象鲜明

真正的主题性 IP 代表了一种情怀，有人格认同，其中最大的特征就是形

象鲜明，任何一个 IP 都有一个形象鲜明的代表，围绕这个代表衍生开发出多个子品牌，比如，《西游记》中的孙悟空就是整个故事结构中形象最鲜明的代表，也由此演变出多个版本和形态。

由 Zynga 开发的《粘土世界》是一款以粘土为主题的益智解谜型休闲游戏，其个性特色鲜明的人物、幽默而曲折的剧情以及设计精巧的谜题给人留下深刻的印象，也因其极富创意和可玩性，成为老幼皆宜的游戏极品。《粘土世界》的界面设计和怪物模型都采用了粘土效果。而且在游戏中，这些粘土效果极其逼真，只要是玩过这款游戏的玩家都会感觉自己身处一个粘土的世界。

从 20 世纪 90 年代初问世，到 PC 端的动画游戏再到移动版，《粘土世界》获得了多个外国媒体的最佳评价。到目前为止，还在世界范围内保持着超过 800 万的下载量，和每月 250 万用户，同时获得了众多包括美国和英国地区奖项的提名。

形象鲜明是粘土世界主题 IP 大获成功的关键要素，特别是 IP 人物类的塑造，更要有自己的个性。因为只有人物形象鲜明才有可能成长为知名品牌，拥有强大的影响力，对后续的 IP 演化也是非常有利的地方。

所以，选择主题 IP 时，应该筛选那些性格鲜明的人物，或勇敢有谋略，或可爱又呆萌，一种带着情感和温度的认同感，能够让用户产生带入感，诠释 IP 化的人生价值观，而这种价值观就是通过有血有肉的人物和深入人心的故事塑造的。

像《超人》《海贼王》《火影忍者》《蝙蝠侠》等超级 IP 作品的共同点就是人物性格和形象鲜明，辨识度非常高。

每个主角都有极其独特的个性，而故事中的场景与情节都是为了烘托人物的性格而存在和推进的，总之，他们有不同的使命或任务，但其个性和形象都是一样的鲜明。那如何让主题IP中的人物具有鲜明的形象呢？

第一、形象饱满。

要想打造这种刻画人物为核心的主题IP，不论主角还是配角都必须关注到，主角与配角的人物形象都必须非常饱满，就像《红楼梦》中的人物，个个有鲜明的特征，主子丫鬟都有属于自己的立体形象，还有《水浒传》中的一百单八将，各有所长。

第二、情感色彩。

为了使人物形象更加丰富，还要加入更多情感色彩，包括喜悦、愤怒、恐惧、焦虑等，比如，超级英雄可能刚强无比，不可战胜，但也会有柔性的一面，这就是IP中人物的鲜明形象。因为在看这些超级英雄的作品时，有情感表露比单一化的呈现方式更能打动人心。

第三、适度反差。

相比类似的事物，人的大脑对差异性的内容更容易记忆与识别，所以要有适度的反差突出人物。我们常常在影视剧作品中看到美丽的主人公身旁有个愚笨的男二号，或者出身高贵却不幸家道中落，由此展开一系列的故事，推动情节发展。这些反差不仅是为了剧情需要，更是衬托和营造主体的鲜明形象和个性。

主题IP需要或者是必须呈现出独特的价值，与众不同才能让人记忆深刻。如果你所开发的IP中有关于人物方面的内容，就一定要在人物设计前为其定位一个准确鲜明的形象目标，便于IP后续的延伸与拓展。

3.3.2 具备故事性

有人说，IP就是故事，然而从好故事升级为好IP还需要一个化学反应的过程。中汇影视及毒药APP创始人侯小强表示，网络文学不叫超级IP，最多叫超级故事，“只有超级故事和一流制作人相遇发生化学反应，才会完成从超级故事到超级 IP 的转变。”可见，故事性既是主题 IP 不可或缺的部分，也需要精心加工打磨。

这里的故事不单单指 IP 的结构组成，IP 确实需要有好故事支撑，才有可能引人入胜，更要将故事性糅进 IP 从创造到成熟的每一步。

众所周知，娱乐巨擘迪士尼拥有众多优秀的超级 IP，旗下的电影产品在精心运作下可以成为超级 IP，其中与引人入胜的故事情节与高水准的内容制作是密不可分的。

《疯狂动物城》的制片人克拉克·斯宾塞（Clark Spencer）曾表示，迪士尼电影讲述的故事包括各种类型，比如，人类、动物、现代以及奇幻等，但无论何种类型的故事，一般都具备四个要素：一是努力讲述适合当代观众欣赏的永恒的故事；二是力求适合全世界各个年龄层次的人群观赏；三是重视幽默与情感；四是符合迪士尼一贯的高标准。

克拉克提出的以上四点，将永恒的故事放在首位，可见好的故事对迪士尼发展与传承的重要性，这点当然也可以用在主题 IP 的选择上。

经典 IP 之所以能够吸引一代又一代人，历经多年沉淀仍然散发着光芒，为开发商带来源源不断的商业盈利，其主要特性就是这些 IP 具备故事性，而且，往往故事以及事件背景是推动情节发展的原动力。特别是在无法调和的矛盾中，比如，正义与邪恶、宽容与自私、伟大与渺小等天然矛盾中更容易创造出好故事，而这些元素也正是主题 IP 的主旋律。

以粉丝文学为例，粉丝文学泛指一切畅销的文学作品，其中以青春、网络、玄幻小说为主。人气高、用户数量多、原创作品改编是粉丝文学的主要特征，也使其成为当前影视市场的一大宠儿，尽管不被主流文学所认可，但粉丝文学有自己的天地。

另外，通俗易懂、故事情节曲折、结局以圆满为主，成为IP市场抢夺的宝贝。近年来，对网络文学作品的争夺就是最好的证明。

此外，原著的质量保障，也让改编作品拥有厚实的基底和结实的构架，而且对于一些经典作品，观众基本上都百看不厌。

与近年来粉丝小说掀起的改编热潮相比，经由名著改编而成的影视作品则具有更长的历史，尤其是由世界名著改编的同名作品，因为本身丰满的故事架构和人物塑造的沉淀，能令人百看不厌，将其演化成影视作品则会吸引一大波原著迷的关注和期待，其本身所带有的话题性正好成为作品前期宣传造势的优势条件。

所以，无论是原创 IP 还是购买 IP，在此之前都要确定该 IP 是否有很好的故事性，以及故事的延展性如何，这关系到日后 IP 能否变异成为超级 IP 的基础性条件。

3.3.3 延展性强

2016 年伊始，阿里文学就召开新闻发布会，宣布推出“光合计划”，打造以 IP 为核心的开放合作的 IP 衍生模式。同期，腾讯旗下阅文集团也宣传了自己的网络文学计划，着手打造新的产业布局。

从时代背景来看，阿里文学认为传统网络文学依赖长篇小说付费的商业模式已经不足以支撑网络文学的发展，以 IP 为核心的新网络文学商业模式是大势所趋。另外，网络文学由于想开拓出新商业模式需要产业链上各个环节开放合作，将其衍生价值最大化。

同时，阿里文学宣传将要与阿里影业、北京电视艺术中心、咪咕阅读等产业链上下游伙伴展开合作。可见阿里文学的网络文学 IP 领域的决心。

过去，网络文学平台各自封闭独立，IP 被限制在自体系内曝光培育，IP 的培养效率并没能最大化，行业内的常态是靠倒卖版权获利，这样的模式确实有知识产权保护的意识，但其商业开发的大平台尚未建立，整个衍生产业链的各个环节无法同台作战，当然也就没有办法深度参与到 IP 开发衍生的产业链中。

与这种现状相反的是网络文学 IP 视频化和游戏化的萌芽与增长。以热播剧《何以笙箫默》《花千骨》《琅琊榜》为代表的网络文学作品为例，衍生出的影视剧大获成功，《花千骨》《琅琊榜》同步版手游也是异常火爆。

这时，网络文学产业受到了前所未有的关注，但并没有探索出可大规模扶植的商业模式。于是，阿里文学决定和整个产业链一起，开放合作、共享版权，打造出一套以 IP 的培养和衍生为中心的全新的商业模式，让 IP 形成一个产业链，从而产生持续的收益。

阿里文学此举看似是在打通行业闭环，实质上是对 IP 的延展性作业。即过去相对封闭，阿里利用平台优势，汇聚一批优势资源，将网络文学的 IP 化变为常态，做成大趋势。而阿里文学的这一大举动，也告诉我们，国内的 IP 化势必迎来新的发展机遇，我们必须抓住机会，选择那些延展性强的 IP。

有人会说，IP 在成长初期，看不出它有多大的前景，如果重金砸进去，声音大雨点小，怎么面对投资人？回答这个问题，需要从反面来看，真正的 IP 具有完整的故事情节，形象鲜明，主打一条线，即使初期 IP 的细节尚未完善，但这些架构一定要有，这对 IP 日后的延展至关重要。

我们不能等待这个 IP 火了以后，再想 IP 的影视剧改编、手游、漫画、服装等衍生品该怎么开发的问题，而是要在初期，即为这些衍生品预留足够的成长空间。

以购买 IP 为例子，可能这本小说尚未出版，网文也只更新了不到 20 万字，这时就需要一双“慧眼”发现是否是潜在的优质 IP，如何来判断呢？考核标准就是主题 IP 的特征，形象鲜明、故事性和延展性。可以通过大数据去发掘，也可以和原作者探讨创作方向和思路，向着 IP 化去打造。

3.3.4 主推动漫服饰的美盛文化，搭建 IP 文化生态圈

美盛文化在 2015 年 11 月 3 日发布公告称，拟向公司实际控制人赵小强以及新余乐活、新余天游等合计不超过十名特定投资者，非公开发行不超过 9 000 万股，募集资金总额不超过 30.31 亿元。其中，IP 文化生态圈项目拟投入募资总额约为 21 亿元，收购真趣网络 100% 股权拟投入募资总额约为 9.303 亿元。

从上述定增内容看，此次美盛文化实际控制人赵小强是此次方案认购定增股份的主力，其拟认购金额将不低于 10 亿元，而新余乐活、新余天游的认购则分别为 8 550 万元和 7 824.96 万元。三方此次认购的股票 36 个月内不得转让。

美盛文化此举标志着其不再满足于单纯的动漫衍生品生产销售，而是积极谋求转型，将产业链向上游转移，占领优质 IP，搭建 IP 文化生态圈。

基础信息方面，根据公开资料显示，美盛文化创意股份有限公司是一家专业的开发设计并生产动漫衍生产品、细分产品、动漫服饰的民营企业，其中动漫服饰是其优势业务。

行业地位方面，美盛文化是中国动漫行业仅有的两家上市企业之一，是中国目前规模最大的动漫衍生品研发生产企业，也是迪士尼全球重要衍生品生

产商之一。美盛文化年产各类动漫服饰及衍生品 2 000 多万套，出口到欧美十多个国家和地区，并建立了自主海外营销网络。主营产品包括迪士尼形象动漫服饰、电影形象动漫服饰等。

国际合作方面，美盛文化是《魔兽》大电影官网玩具产品中国地区的总代理，也是国内唯一的正版玩具供应商。

财务数字方面，2017 年 3 月 1 日美盛文化发布财报，数据显示，美盛文化 2016 年全年营业收入 6.33 亿元，同比增长 55.15%，服装家纺行业营业平均收入增长率为 9.55%。可见美盛文化在财务方面增长还是比较乐观的。

美盛文化以生产研发动漫服饰衍生品起家，并有了一定的行业地位，投身 IP 衍生品的下游产业链，已经不能满足美盛文化的业绩发展要求。所以，通过 2015 年的巨额定增以及 2016 年的财务增长，美盛文化已经有能够强化 IP 影响力环节的布局影响，优化全产业链能力，搭建专属的 IP 文化生态圈，实现强 IP 变现。

对于向 IP 文化生态圈进发的原因，美盛文化更多的是从 IP 现状和未来考虑，以 IP 资源为核心，横跨动漫、游戏、文学、影视、周边产品的泛娱乐产品逐渐增多，优质 IP 必将成为泛娱乐产业中维持用户黏性的纽带。由此，以 IP 为重心的泛娱乐布局成为中国文化产业的发展趋势。

除美盛文化外，其他公司也对 IP 开发表现出极大的兴趣，比如，暴风科技斥资 6 亿元收购文学类 IP 运营公司，华谊兄弟、光线传媒更是纷纷抢占优质 IP 资源。可见抢夺优质 IP，积极开发有潜力的新 IP，是对 IP 布局的重要一步，值得我们思考。

第4章

IP 化产品设计：内容为先，情感连接

IP 化产品设计主要围绕两大主题进行，一是内容为先，二是情感连接，在这两个主题下，需要遵循 IP 化产品设计的三大核心，包括内容能力、新技术整合以及流量变现，三者相互作用，合为一体，缺一不可。具体来说，可以用四个维度去切入，具体哪四个维度本章会有详细解读。

4.1 IP 化产品设计的三大核心

IP 化经过近几年的酝酿发酵，已经快速成长为商业社会普遍探讨的新兴话题，甚至已经有企业深得其利。如果我们想要加入 IP 化这艘快艇，应该如何设计 IP 化产品呢？毕竟产品是直接与用户“亲密接触”的见证者。产品设计在内容为先，情感连接中有三大核心，核心各是什么、有什么特征、如何把握等都是本章节的讲解的主题性内容。

4.1.1 有独特的内容能力

有独特的内容能力是 IP 化产品设计的第一核心。拥有 IP 产品设计能力的检验标准之一就是能否持续生产富有订阅机制的内容。

当谈到 IP 作品时，我们第一时间会想到它是如何呈现其内容的，是大电影还是影视剧？是动漫还是主题公园？当一个 IP 不断地呈现新的衍生品时，能否给用户带来新鲜感和期待感，都预示着这个 IP 化产品是否能博得用户足够的注意力和冲击力。而我们的目标就是创作设计有独特内容能力的 IP 化产品。

在当下的企业形态中，我们会发现很多企业所经营的业务各种各样，有健身、食品、租赁、金融等，有上门服务、有 O2O 企业等，如果无法形成持续有力的独特内容，让用户喜欢、依赖甚至追随，也就无法获得核心种子用户以及更多新客户，而这一切都是与 IP 化相违背的，因为 IP 化的产品必定是低流量即可实现获客目标的。

也就是说，我们在进行 IP 化产品设计时，必须以独特的内容能力为基点，打造有持续吸引力的衍生化内容和作品，让用户信任和迷恋，即使不能是骨灰级粉丝，至少不排斥它。

比如，金发碧眼芭比娃娃，是最受小女孩欢迎的玩具，曾风靡全球，经过近 60 年的历史洗礼仍然散发独特的光芒。芭比娃娃是小女孩的最爱，那同龄的男孩子们呢？可能不会太喜欢它，但也不会过于排斥。这就是 IP 化产品对大众的广泛影响力，让粉丝疯狂喜爱，让非目标受众平静对待，而不是严重抵制。

另外，IP 化产品还要能够结合移动社交的需求进行实地改进。基于社交的内容策展，年度最佳 iPad 应用——Paper，一款拟真类的笔记本软件，可以添加文本、图片、清单还可以绘画，而且整体的设计也非常出众，因此受到越来越多用户的青睐。

而与此同时，基于社交但摒弃时间轴的内容产品设计也慢慢成为一种新趋势，这类应用弱化了形式，而越来越重视内容的质量，例如 Medium，它是由 Twitter 联合创始人伊万·威廉姆斯（Ivan Williams）创办的一种基于主题的协作型媒体平台，因为 Medium 上的用户都是通过 Twitter 注册的，因此摒弃了时间轴设计。

由此可见，企业通过对产品设计到售后服务整条微笑曲线价值链的全程掌控，与消费者建立起一种长期反馈，实则是以销定产的 C2B 模式，符合高度信息化的时代趋势。

具有独特内容能力的 IP 化产品在不同形态和业务范围的企业中，依然能让用户追随与信任，并且随着时代的发展，社交网络因素越来越重要，因此，在进行 IP 化产品设计时，一定要考虑用户和时代大环境的双重因素。毕竟 IP 化是时代筛选与进化的产物，顺势而行才能成长和发展。

4.1.2 新技术的整合善用

IP 化产品设计的第二大核心就是新技术的整合善用。先进技术是推动社会生产力发展的平台和生产型工具。反之，只有先进技术的整合善用才能为 IP 化带来更多的流量和红利，让 IP 蓬勃发展。

新技术平台或工具的产生伴随时间发展，给予使用者巨大红利，连分享者也深得其益，比如，新浪微博刚刚诞生时，是适应了当时大众对轻型博客的需求，而推出的一个类 Twitter 网站，而后迅速发展，5 年时间即在美国纳斯达克挂牌上市。时间、技术刚刚好，及早占领行业技术高地，是新浪微博快速成长的催化剂。

而随之微博营销的日益成熟，在微博平台活跃的企业和个人，特别是一线明星们，也获利颇丰。所以，谁越早去运用这种新平台就可以得到红利。

任何平台对于内容的需求都是真实的，平台与内容相互依存，互为彼此，平台为内容生长提供空间和养分，内容为平台吸引流量与用户。而随着 IP 化的演进，跨平台的技术整合与应用也成为新的亮点和增长点，我们需要快速抓住这稍纵即逝的机遇。

不是游戏规则的制定者，就成为游戏的资深玩家，流量用户都要抓，变现才会越来越轻松。跨界生长和传播的 IP 化产品尤其需要加强对新技术的整合善用，培育市场和用户使用习惯，在 IP 化必将跨入红海之前，实现 IP 化产品与品牌的快速发展。

4.1.3 更有效率的流量变现

IP 化产品设计的第三个核心是更有效率的流量变现，流量变现的直接牵引线就是产品与用户搭建起来的，以粉丝为导向，为粉丝建立多重机制的 IP 化接触。IP 化产品设计中，流量变现是处于尾部且非常重要的环节。

一般来说，IP 化的流量变现有三种途径。

第一，卖产品。

卖产品是 IP 流量变现的最直接途径，通过网络渠道和线下渠道售卖 IP 主题衍生品，从而赚取盈利，这是 IP 化变现最早最直接的方法。要想让粉丝为产品埋单，产品本身的创意非常重要，我们需要为粉丝提供有创意和新意的衍生品，在渠道产业链中从粉丝身上赚钱。

第二，联盟合作。

IP 本身就会需要很多商家，想要与之合作，而这也成为流量变现的一种途径。比如，不同领域内的多个公司想要共同运营一个 IP，从影视改编到手游再到主题餐厅，多维度切入，联盟合作，资源共享，最终实现流量变现。

第三，场景变现。

用一个简单的脱口秀形式，为粉丝搭建一个场景，在这个场景内推销任何内容或产品都有粉丝愿意为其埋单，这种途径最典型的就是罗振宇的《罗辑思维》。场景变现是流量变现的升级模式，需要创作团队有更高超的运营能力，将本身的 IP 内容与要推广的产品无缝对接起来，不会让粉丝反感，才能实现流量变现。

比如在迪士尼主题公园，游客们可以尽情徜徉在卡通的奇妙世界中，孩子们可以有快乐的童年，大人们也会在其中暂时放下成人的影子，追忆和弥补童年时期缺少的再也回不去的场景，即使价格高昂的门票和价格不菲的各类衍生品也阻挡不住游客们的热情。IP 化衍生品的场景变现在这里得到最真实、最充分的诠释，迪士尼也收获巨额财富。

更有效率的流量变现，其深层内核就是高效率。目前，IP 化领域的资源争夺也越发激烈，稍有犹豫就会错失良机。所以，认准某个 IP 时就要及早下手，为其设计 IP 化的运营路线和方案，同时，将流量变现设计为重量型的一环，为用户搭建激发其产生强烈付费意愿的使用场景，让用户非常喜爱和认可，不得不买。

本章节关于 IP 化产品设计的三大核心就解读到这里，在产品设计的角度去理解和构思 IP 化的话，内容、技术、流量变现，一个都不能少，最终，使 IP 化的商业模式形成完整的自“造血”、自组织、自传播的生产体系。

4.1.4 哆啦 A 梦主题咖啡馆，推出神奇道具“记忆面包”

“哆啦 A 梦”是日本著名的动漫卡通形象，在中国也拥有很高的知名度和影响力。哆啦 A 梦主题咖啡馆本身就拥有一个非常庞大的用户基础，包括正在喜欢哆啦 A 梦的小朋友和看着哆啦 A 梦动画片已经长大的成年人。

哆啦 A 梦是来自 22 世纪的猫型机器人，常常帮助依赖性心理很强的主角大雄。本来哆啦 A 梦是一只有耳朵的黄色机器人，但有一次不小心耳朵被咬坏，又阴差阳错地哭了三天三夜，最后，身上黄色的喷漆都被泪水冲刷掉，只剩下蓝色的底漆，所以，就成为现在的样子。哆啦 A 梦与主人大雄制造了各种各样啼笑皆非的故事。

因为担心考试不及格，大雄向哆啦 A 梦求助，借用一种应付考试的奇特工具，一开始哆啦 A 梦变出了一个动物灯。使用这个动物灯，大雄能吹走学校的电风扇，让老师变成怪兽，由此终止这场考试，但大雄害怕老师知道后惩罚他不敢去做。

于是，哆啦 A 梦便从自己的四维百宝口袋里拿出记忆面包，只要将面包贴在课文上，印上其中的内容，然后吃下去，就可以快速掌握知识技能，轻松通过考试。哆啦 A 梦的记忆面包成为很多人学生时代梦寐以求的道具，也让哆啦 A 梦在小朋友心中的地位陡然上升。

现在，位于日本川崎市的不二雄博物馆的主题咖啡馆就有各种各样的哆啦 A 梦美食，包括神奇道具记忆面包，还有魔芋式葛粉糕、小夫可丽饼等，一次性满足你所有的梦想。这家主题咖啡馆的诸多美食都来源于哆啦 A 梦动画片中出现过的道具，所有机器猫的粉丝们真正进入哆啦 A 梦的神奇世界。这个哆啦 A 梦主题咖啡馆将如此有代表性的“道具”搬上餐桌，让顾客们享受童年未能实现的梦想。

哆啦 A 梦主题咖啡馆的创作基础就是以哆啦 A 梦为核心，在门店装潢、菜品设计、衍生品展示等方面，都依照哆啦 A 梦的主题开展。由于哆啦 A 梦本身就是一个强 IP，历时时间长，产业链条相对完整，所以，IP 化产品的内容能力、技术整合，以及流量变现都不是问题。

而这也启示 IP 化创作者和参与者，在产品的 IP 化设计层次上，都要有全面布局和考虑，以内容为先，情感做连接，将产品设计按照 IP 化要求与核心来打造，这才是 IP 时代的产品平台。

4.2 IP 化产品设计的方法

充分理解了 IP 化产品设计的核心，接下来就要用 IP 化产品设计的方法打造 IP 化产品，那有哪些方法准则呢？一般来说，包括赋予产品独特的内在精神价值，迎合共同价值观，差异化连接、动员用户情感式投入与付出。用户、产品、价值观、差异化、情感与投入等，多个维度和要素综合作用，形成 IP 化产品设计的流程以及规则。

4.2.1 赋予产品更多的精神属性和情感价值

IP 化的产品设计需要赋予产品更多的精神属性和情感价值，也就是说，IP 化的产品中，产品除了使用功能，还要有更多的精神属性，用情感这条纽带连接用户。

拥有精神属性和情感价值的 IP 化产品会有更强的仪式感，符合实际应用场景的特定解决方案。例如，销售人员为了有更漂亮的销售业绩，会拼命向顾客推销，介绍产品的卖点，这样的销售模式可能会有效果，但不确定因素也有很多。而 IP 化的产品设计是需要在产品当中融入某些精神或情感，让顾客感受到来自产品的快乐或个性等。

在当下国内市场面临消费升级的大背景下，产品设计更要满足用户的精神层次的需求，不管是张扬个性还是自我表现，IP 化产品设计的情感要素越强烈，对消费者的感染力也会越强。

同时在 IP 化设计体系中，我们需要从多个角度去体现内在的情感，在对用户进行更深入的调查研究的基础上，挖掘用户的心理需求。而 IP 的具体形态是什么样子，用户反而不会过多介意。

比如，原版小说卖得非常火，十几年以后决定开发出一系列的 IP 衍生品，原有的小说粉丝会跟随 IP 开发商的脚步，追随一系列的衍生品，可能是改编电视剧，也可能是大电影。这时用户观看的不再是一部电视剧或电影，而是过去十几年来小说伴随自己走过的青春记忆，这就是 IP 化产品设计中浓浓的情感因素。

4.2.2 找准产品背后的共同价值观，引爆大众流行与亚文化

在 IP 化产品设计理念中，找准产品背后的共同价值观，是蕴含在产品背后的深层次内核。IP 化有价值观，而且这种价值观是与用户共通共融的，才可能引爆大众流行与亚文化。

当下有些热门 IP 可以形成巨大的商业价值和完善的产业链条，就是因为其 IP 化设计当中融入了共同的价值观，一种让产品和用户都可以达成一致的价值观。

既然共同价值观如此重要，那么我们在 IP 化产品设计中如何去找准产品背后的价值观呢？并且以此价值观为纽带，连接我们的用户，引爆大众流行与亚文化？这需要从我们预先设定的亚文化圈中寻找答案。

很多企业决策者在打造原创或收买一个原创作品，想以此打开 IP 化道路时，常常会想如何在短时间内看到这个 IP 的商业价值，进而大规模开展营销战役。但事实上，这种打法也有很大风险。

对此，我们应该先有足够的耐心去设定自己的亚文化圈，在这个圈子中寻找用户的痛点，当我们真正去洞察用户的痛点以后，往往会发现这个痛点很微小，微小到你不曾留意。

营销出身的戴赛鹰在创办“三个爸爸”前，就源于一次给孩子购买空气

净化器的小事情，随即抓住空气净化器防雾霾这一痛点。“三个爸爸”在 30 天内众筹 1122 万元，成为中国第一个千万级产品众筹项目。

用户只是有对空气净化器的痛点需求，即成为戴赛鹰打造“三个爸爸”的出发点，与用户形成为了孩子的共同价值观。

当 IP 化产品设计做深、做细、做透时，就会具备一种强大的扩张能力。当用户规模达到一定限额时，这种扩张就以引爆大众流行与亚文化的龙卷风席卷行业，甚至能够教育市场和用户。

4.2.3 进行以人为核心的差异化连接

以人为核心，是 IP 化产品设计的核心精神，一个个独立的人，存在于网络中的人，越来越成为全新的流量入口，买一瓶饮料可以扫瓶身自带的二维码，进入该饮料的官方公众号，这种方式就是将人作为了流量入口，引导用户进入统一聚集地，也属于宣传的一种手段。

而以人为核心的差异化连接，要求对人与人建立联系，将联系进行差异化，以区别于其他联系手段。

人的连接构成了 IP 化产品的核心组成，比如，微博、微信中的大 V 以及各种各样的公众号等，也都以社交平台为内容分发平台，将一个个人连接起来，在各自的细分领域有一群忠诚的粉丝。

他们一方面传递内容，包括各种知识，或者是电商化产品，另一方面为用户带去有娱乐属性的内容，比如，传递快乐、放松身心等。所兜售的更多的是被用户认可的价值观，或者是好玩有趣，或者是实用有价值。

那 IP 化从中获得的是什么呢？是产品的情感价值，是共同价值观。如果你想要将自己的产品进行 IP 化设计，在同类市场中赢得先机，就必须想方设法与“人”建立连接，而且还要保持差异化，这样的话 IP 化才能有一个个社交联系的点，拓扑为面，构建自有体系，最终影响商业生态环境。

4.2.4 让用户加入更深度的情感投入与付出

IP 化产品设计要想让用户加入更深度的情感投入与付出，就需要创设一整套体系，鼓励用户带着感情参与，最直接的方法就是众筹。

有商业前景的 IP 在前期必然需要资金和用户的支持，这时，IP 创始人可以通过众筹平台，向公众募集一定额度的资金，同时，对支持者的所有支持设有相应的回报。如果在规定时限内达到众筹资金数额，则众筹通过，所得资金会转向发起者，用于完成众筹项目。

IP 化产品设计要在众筹过程中融入参与者的情感体验，让用户以更深的情感参与，同时，成为众筹项目的传播者，将影响力拓展到更大范围。让用户加入更深度的情感投入与付出是 IP 化产品设计的感情设计层次，更驱动用户有更高的参与热情。而这当然也符合 IP 化的精神内核，在 IP 化与用户中搭建紧密联系的情感连接方式。

4.2.5 雕爷 IP 更注重给消费者一种情感寄托

成立于 2012 年的雕爷牛腩主打“轻奢餐”理念，以人均 150—200 元的价位瞄准中产阶级。雕爷牛腩在开业前半年，即进入“封测期”，邀请影视明星、美食达人前来免费试菜。带有互联网基因的雕爷牛腩快速触及目标客户，为打造雕爷 IP 效应提供了品牌传播基础链条，雕爷牛腩尚未开业即已经吸引了公众的关注。

雕爷牛腩的创办者雕爷，原名孟醒，文字功底深厚，早年在天涯等论坛频繁出没，是论坛的网络红人。雕爷牛腩的玩法是雕爷根据“淘宝第一精油品牌”阿芙精油的成功经验，在互联网营销上的又一次尝试。随后，雕爷又创造了河狸家，进军美甲行业，成为当下 O2O 领域为数不多的成功之作。

阿芙精油、雕爷牛腩、河狸家、薛蟠烤串、河狸家 APP、三体空气净化，看似没有关联的行业，却因为自称为“品牌创建爱好者”的雕爷成为互联网创业大潮下的范例。“精油—餐饮—美甲业—空气净化”，从中有何创业共同逻辑？

在这套体系中，IP 带给大家的往往不是产品的实用功能，而是给消费者一种情感寄托，就像没吃过雕爷牛腩的人会因为好奇和新鲜而进店品尝一番，为保证味道正宗，据说雕爷以 500 万元高价买断了香港食神戴龙的牛腩配方，再加上雕爷的互联网营销，恰恰体现了雕爷 IP 的一种情怀和寄托。尽管跨越多个领域，本质上却是抓住共同的价值观，进而使得雕爷 IP 可以在其中自由切换与更新。

情感寄托是 IP 为用户呈现的最打动人心的内容，也体现了 IP 的真正价值，代表了粉丝对 IP 的形象、个性与故事的热爱程度。所以，我们在打造 IP 前，一定要注重情感寄托的核心内容。

比如，近年流行的青春类大电影，以“80 后”“90 后”观众为目标受众，其主打的就是一代人的青春记忆，观众走入影院购买电影票，不仅仅是为了看一场电影，更是看自己逝去的青春。这种 IP 产品本身能够体现情感和文化元素，就是一种情感寄托，而且这种情感寄托可以衍生出更多的形式和载体，电影只是一种具体化的形态。

这种追求情感价值和文化认同的 IP 化产品设计方法，提供给消费者的并不是产品的功能属性，而是一种情感的寄托。因为只要产品本身能够体现出特定的情感和文化元素，至于其具体形式消费者并不会过于在意。

第 5 章
IP 化运营：放大价值，流量变现

IP 化运营的两大核心点是放大价值，流量变现，包括 IP 的商业表达逻辑和运营阶段。在表达逻辑上，运用独特的 IP 化公式，塑造和整合 IP；在 IP 运营的阶段，以分阶分标准实现 IP 化公式，最后为大家呈现一个超级 IP。所以，本章的重点就集中在如何放大价值实现流量变现方面。

5.1 IP 的商业表达逻辑

IP 的商业表达逻辑是找准价值点，以内容获取信任；以信任获取势能，以势能获取负成本连接；以连接获取产业链延伸，以强用户运营获取流量变现，层层嵌套，逐步深入，这就是 IP 化运营中的商业表现公式。将内容、信任、连接、流量变现等要素充分融合在一起，打造出标准化的 IP 商业渠道和流程。

5.1.1 找准价值点，以内容获取信任

找准价值点，以内容获取信任是 IP 化商业表达逻辑的第一链条，通俗理解，IP 化的价值点是什么？其本质就是内容，进而才可能产生信任。

有内容有价值，才能让受众产生价值认同，随着消费升级，消费者早已经不再过于关注物质消费与满足，而是要在追求精神满足的时候，获得价值认同。

多样化价值观针对不同类型的人群，可以使得不同观众产生根深蒂固的认同感，这样 IP 才具有传播广度，更具有传播深度。美国的动漫形象以成人化设定为主，更多的是代表和反映了成人社会的文化和思潮。漫威的超级英雄大都是在 1961~1965 年之间被创作的，其中每一个英雄的创作本质其实都是对

冷战后的社会反思，而且每一个 IP 代表了一种人、一个群体的价值观，这可以被认为是 IP 的核心。

作品内容、产品价值观在很大程度上并不是简单地扣个华丽的帽子，而一定是根据其原生形态衍生出来的，因此，超级 IP 的价值点和内容设置非常关键。在 IP 化的商业表达逻辑中，找准价值点以内容取胜，首先需要考虑受众以及受众黏性问题。这里包含三个维度：第一，产品价值观表达一致性，功能表现差异化；第二，内容与受众的情感共鸣；第三，优质内容的完整营销方案。

找准 IP 的价值点，以内容获取信任，要求创作者在 IP 运营的初期，就为其设置一整套正向的价值观念，通过内容获取用户的信任。那什么样的内容才能获取粉丝信任呢？答案就是优质的高质量内容，传播正能量，带有符合社会主流的价值观念。

比如，某个 IP 中以至善至美的爱情为内容的情感主线，其中还穿插了亲情、友情等，这就比较容易获取用户的信任，这恰恰也是 IP 化商业表达逻辑中的底层架构。

总之，价值点是 IP 化商业表达逻辑的基点，内容是获取受众信任的主要途径与媒介。可能一个 IP 的内容不可能让所有受众都接受，但要尽可能让更多的受众接受，从大多数受众出发，这就需要主创人员和团队精心打磨内容，关注每一个细节。这样才能在找准价值点的基础上，提供出优质的 IP 化内容。

5.1.2 以信任获取势能，以势能获取负成本连接

有了 IP 化内容，就容易获得受众的信任，进而获取势能。势能是什么？势能是 IP 对当下互联网运营模式的影响力，是投资者最注重的决策依据，也让低成本获得客户成为可能。

信任本身就是一笔可观的财富，IP 化运营中，有了信任就代表着获取了势能，借用势能即为低成本获客建立了连接链条。

优质 IP 往往越是时间久远越能裂变出新的形态，越有价值，而借助互联网的强大传播力量，这种势能可展现出更强大的威力。不同的行业和领域甚至可以共用一套 IP 化商业表达逻辑链条，只要创作者或开发者在每一个链条上精心钻研，打磨出适合自己受众的产品，IP 化运营就越发接近成功。

结合以往的超级 IP 可以看出，越是优质的 IP，其获客成本越低，甚至趋近于零。因为超级 IP 本身就自带强大的势能，去动员和感染受众，驱动普遍的消费者成为资深发烧友。

信任既是普通的商业交易关系中的情感基础，顾客对你信任才会购买你的商品，也是 IP 化商业表达逻辑的一个强链条，信任可以连接一切，也是创造势能的重要途径和渠道。因为信任经过裂变与传递，可以感染更多的人，进而降低获客成本。

比如，针对一个小众化的 IP，要想让该 IP 影响更多的人，扩大知名度，其难点在于如何高效率地接触目标受众。解决这个问题，需要借助互联网媒介。主要基于以下两点原因。

一是成本最低、受众接触维度最广的渠道。网络大 V 随意转发一条微博，瞬间阅读量即可破千过万，营销得当甚至可以创造现象级的话题，而且成本相对低廉，能够最大限度地接近受众。

二是影响力可以触达全网，影响线下。一个超级 IP 系列的衍生品可以在全网实现全渠道传播，特别是网络剧、影视作品等，进而可以影响线下，例如粉丝的见面会、主题商店等。

不可否认，互联网的出现彻底改变和颠覆了人类以往的思考方式和习惯，也带来了新的机遇。移动互联网时代，IP 化运营中的信任和势能有了新的释放空间，也为 IP 的负成本连接提供了可能。

以信任获取势能，以势能获取负成本连接，在这个环节中，将最终的着陆点选在负成本连接上，为什么？因为负成本连接代表了 IP 化运营的流量能力，也是 IP 实现商业价值的基础。IP 化中自带流量的核心，成为实现 IP 负成本连接的前提条件，也是加速 IP 网络关系快速沉淀的凝固剂，使实现 IP 化的快速连接、极速造势、无缝对接、有效转化成为可能。

5.1.3 以连接获取产业链延伸

六度分离理论认为，你和任何一个陌生人之间的间隔最多不会超过 5 个人，也就是说，最多通过 5 个人你就可以认识任何一个陌生人，包括美国当红明星麦当娜、英国女王伊丽莎白二世，听起来是不是不可思议？但确实有可能性。六度分离理论也叫小世界理论，寓意世界如此之小，你可以和任何一个人建立联系。

建立联系是通过连接实现的，连接是实现这一切的中介条件。在 IP 化的商业表达逻辑中，连接也是非常重要的一环，是获取产业链延伸的基础。连接也要求 IP 有很强的衍生性，便于进行价值累积与扩展。

在移动互联网时代，个人的价值回归速度和频率越来越高，急速降低的连接成本使得任何人都可能成为一个具有高连接力的交汇点。同时，在众多创新领域，连接成为产业链条延伸与拓展的强化剂。试想，如果 IP 和受众没有任何关系与连接，IP 的价值从何体现？流量变现当然也就成为天方夜谭。

当年滴滴和优步开展烧钱大战的场景已经不再重演，优步退出中国以后，滴滴在中国市场甚至海外市场的创业历史还在续写。为什么滴滴能在短短数年时间内快速崛起，甚至意欲成为跨国企业？仅仅是因为给用户带来了便利？当然不是。

从本质上说，滴滴改变了汽车的连接关系。虽然滴滴没有改造汽车，也没有产生汽车，却能将汽车与用户一对一进行专属连接，从而实现巨大的商业价值，而且这种商业价值还有可能裂变出更大的势能。

滴滴为司机提供接客平台，无须复杂的执照手续，只要注册登录，通过审核即接活拉客，而乘客只需要打开滴滴，即可享受叫车服务。你看，滴滴什么都没有改变，却也改变了一切。将汽车与乘客的关系做减法，给网络约车服务做加法，一减一加之间，滴滴创造了产业链条延伸的巨大机遇。

在 IP 时代，IP 化运营将以连接作为重要媒介，将自身的优势传导到更多的产业链条中，扩展再延伸。互联网为这一切提供了前提条件，互联网的起点是“连接”，互联网的终点则是人文的更新。“连接”本身并没有终点，所以人文的更新也不会有终点。

人们因为连接、交互、协作和智能，将“只有想不到，没有做不到”变为现实，既可以成为他人的机会，更可以利用他人创造机会，这就是 IP 化的商业表达逻辑中的连接法则。

5.1.4 现象级 IP《花千骨》的产业链布局

《花千骨》IP 的小说最早连载发表于晋江文学网站，作者是超人气新兴小说写作人 Fresh 果果，全文共 65 万余字。讲述命格诡异、坚忍善良的少女花千骨与肩负守护天下苍生重任的上仙白子画之间的爱情故事，通过古装仙侠玄幻的磅礴背景，故事情节跌宕起伏，语言优美，受到众多网友的热捧。

经过数年时间沉淀，《花千骨》网络小说也积累了大批粉丝，共出版发行 3 次，在晋江文学网站非 V 章节（免费章节）总点击数近 900 万，读者年龄层次覆盖 13—45 岁。看重《花千骨》在题材、故事、人物塑造上的突破与创新，中国影视行业的领跑者慈文传媒花重金购得该小说改编电视剧版权。

在《花千骨》IP 的产业链布局上，可以分为以下三个维度。

第一，改编电视剧。

电视剧《花千骨》由当红实力派影星霍建华和赵丽颖担当主演。开播以来，迅速突破 3% 的收视率纪录，不仅稳坐收视冠军宝座，还创造了国内周播剧最高收视纪录，该剧的网络总播放量突破了 165 亿次，可谓是话题、收视、口碑集于一身。而这部古装玄幻仙侠剧还只是《花千骨》的第一次延展。

第二，游戏和网络剧。

在电视剧《花千骨》正式开播前，爱奇艺与慈文传媒、PPS 游戏、天象互动、君游网络等游戏平台进行跨界合作，以联合开发现象级影视文学 IP《花千骨》，包括网游和手游，全方位开发。《花千骨》IP 手游也不负众望，创下了连续 3 个月每月流水 2 亿元的超高纪录。

爱奇艺凭借率先斩获电视剧独家网络版权的契机，实现与电视剧版的无缝对接播出，播放量突破 60 亿次，占据超过爱奇艺全网 1/3 的流量，更创下最高播放纪录。

在超级 IP 的多链条延伸方面，爱奇艺与慈文传媒推出番外篇《花千骨 2015》在网剧中加入奇幻和悬疑因素。

第三，引爆话题。

在剧集尚未正式上线前，有关《花千骨》的话题就已经在新浪微博上吸引了 7.9 亿的阅读和讨论，引爆话题的态势，让爱奇艺、PPS 游戏、慈文传媒等预感到《花千骨》的 IP 开发市场空间巨大。

爱奇艺 PPS 联席总裁徐伟峰表示，打造一个顶级 IP 需要对原创作品、影视作品和 IP 衍生不断投入，这是一个需要专业团队长时间投入的市场。优质影视 IP 经过挖掘之后，其所产生的效应是单纯影视播出的 4 倍。

可见超级 IP 的成功离不开优秀团队的投入，而一旦成功，其商业回报价值绝对会翻倍增长。其产业链布局也会以一个核心点为中心，层层引爆，步步深入，这也是现象级 IP《花千骨》的产业链布局形态。

当然，要想打造一个有巨大商业价值的 IP 商业表达逻辑，还是需要 IP 链条中的每一个环节紧密配合，电视剧、电影、手游、网游等衍生品有条理性推出，为 IP 创造出更大的想象空间。

5.2 IP 运营的两大阶段

IP 运营要通过优质内容吸引目标用户，再通过这些用户开展商业化运作。总体来说，IP 运营可分为两大阶段：一是放大阶段，即利用互联网手段吸引更多的目标用户群；二是变现阶段，通过积累足够的粉丝用户，进行商业化运作。这两大阶段是本章节的核心内容。另外，本章最后将为大家解读泛娱乐 IP《勇者大冒险》是如何实现最大限度流量变现的。

5.2.1 IP 放大阶段：利用互联网手段吸引更多的目标用户群

IP 在放大阶段，主要是凭借独特创意与优质内容利用互联网手段吸引更多的目标用户群体。为 IP 的裂变与爆发积累情绪资本，培养用户情感，可能看作是奠定用户基础的阶段。毕竟再好的 IP 也离不开忠诚粉丝的热爱和追捧。

情绪积累可能需要很长时间，短则几个月长则数年，其间，也要为 IP 势能的释放做准备，其重点就是各类衍生品的前期开发。

在放大的后阶段，IP 已经初具规模，可以尝试进行新的拓展和延伸，包括游戏、网络剧、周边、舞台剧等多种形式，还包括跨界合作等。争取在商业化探索中，聚集更多用户群体，既可以为接下来的付费阶段提供更多可能，也能借此检验 IP 的商业价值与潜能。

在 IP 的运作经营方面，随着移动互联网的加入与强化，互联网成为吸引目标用户群的首推方式，从过去的单一粗放模式，比如，一个作家可能凭借写小说，出版小说或改编为电视机、电影，进而获得商业价值，基本没有其他途径和渠道。

而现在，你的小说作品可以投放到网络小说网站，也可以授权改编，还可以开发为游戏、动漫等衍生品，再通过广告或付费增值进行放大，多渠道、多维度实现盈利。

IP 的放大阶段，更多的是对用户的积累过程，特别是互联网渠道下的粉丝吸引与粉丝聚集。结合大数据分析结果，对 IP 化运营进行精准定位与营销。

导演郭敬明的《小时代》系列电影在拍摄前期即不断地爆出新话题，拉动潜在用户，最终引发粉丝集体自推广的大爆发。而话题的载体自然离不开互联网手段的助力，包括微博热搜榜单、短视频、现场花絮、新媒体报道等。全方位运用互联网渠道进行边缘性传播，为正式播出时的大爆发积蓄能量，培养心理期待，巩固用户基础。

而在放大阶段，吸引用户的法宝除了创造期待型的大环境外，还可以运用互联网与粉丝们互动。浙江卫视的王牌综艺节目《奔跑吧兄弟》就非常注重对互动营销的运作。

第一，微信渠道。从节目的第一个环节游戏开始，观众就可以参与到朋友圈中的直播竞猜，还可以拿起手机微信“摇一摇”，选出你心中的“奔跑之星”，为鼓励用户参与，以手机大奖作为引导性条件。

第二，网络投票。观众可登录百度搜索，为心中的“人气队伍”投票，或者是登录《奔跑吧兄弟》微社区，参与到话题有奖抢答活动。

第三，跨界合作。《奔跑吧兄弟》与电商品牌苏宁易购跨界合作，推出节目游戏同款装备售卖服务。

前两点是《奔跑吧兄弟》的互联网互动范围，第三个是 IP 化的跨界合作常规性模式，但也属于 IP 放大阶段的范畴。其中，互联网提供的平台与媒介功不可没，为用户参与《奔跑吧兄弟》IP 互动提供了前提条件。

IP 运营的放大阶段更像是 IP 成熟前的准备期，也是在这一阶段，很多 IP 相关的衍生品形成初步基础，当然，在该阶段，运营商就要为 IP 的衍生品预留出足够的空间，便于接下来的变现阶段操作与运营。

5.2.2 IP 变现阶段：积累足够的粉丝用户，进行商业化运作

IP 变现阶段需要积累足够的粉丝用户，才能进行商业化运作。变现手段有 IP 衍生品的付费，比如，IP 纸质书、音像制品、付费电视剧等，还有 IP 的泛娱乐产业链条延伸销售，包括电影院线的投放，通过出售版权分得影院的销售提成。

目前，IP 变现的形式以影视与游戏为主，另外还包含动漫、音乐主题公园、主题公园、周边衍生品等。IP 变现多样化的形式，为变现提供了更多的选择空间。而 IP 变现的另一个主要方面就是积累足够多的粉丝用户。

如何积累足够多的粉丝用户呢？

首先，IP 的定位要精准，面向什么样的客户制定 IP 内容，为用户带来什么样的价值观内容，目标受众是否认可这种 IP 内容，都是在积累粉丝用户前需要考虑的问题。所以，如果我们要收购或原创 IP，就要想好该 IP 的目标定位是什么的问题。

其次，IP 内容是什么？是为粉丝提供实质性产品还是精神类产品内容，内容的质量度有多高，目标受众是否对我们提供的内容感兴趣，愿意参与和反馈，这是 IP 化运营的内容层次。

最后，IP 的营销方案。IP 化营销属于运营中的重要环节，通过营销活动更多的目标受众才能知道和了解我们，特别是通过互联网渠道的营销活动，需要有更大的投放力度，来获取粉丝。

从 IP 的定位、内容到营销方案，覆盖 IP 变现的全部过程，先积累粉丝用户再进行商业化运作，最后实现变现。

在这个过程中，我们也更强调 IP 与粉丝的伴随式成长，IP 的商业效益可能无法在短期内收获巨额盈利，但与粉丝共成长，吸引更多的用户加入我们的 IP 团体，在互动中产生认同，也为 IP 变现提供了更多可能性。

5.2.3 泛娱乐 IP《勇者大冒险》如何实现最大限度的流量变现

《勇者大冒险》是由腾讯互娱携手像素、南派三叔共同打造的全新泛娱乐明星 IP 构建实践案例，该款手游首次采用“在一个世界观内核的基础上，多领域平行演绎，同时互动共建同一明星 IP”的 IP 构建模式，以宝藏猎人全球冒险为题材，围绕猎人培养、夺宝闯关的动作射击为主要手游模式。

《勇者大冒险》采用全明星制作阵容，以南派三叔所架构的全球冒险世界观作为始端，从零点起步逐渐扩展，覆盖动漫、游戏、文学、电影等多领域产品布局，最终为玩家衍生出了一个庞大的冒险世界。

为了实现最大限度的流量变现，《勇者大冒险》IP 开发出多个平台的衍生品，包括手游、端游、电视游戏、动画、小说等，以多面开花的形式开启了闯关冒险类游戏的新探索，真正实现泛娱乐的全面开发。

腾讯互娱平台对《勇者大冒险》实行全方位拓展延伸，使得泛娱乐 IP 能够在文学、游戏、动漫、影视领域等中任意穿梭，成为当下 IP 运营的典范。

第6章
自媒体IP化：人人都可以做IP主播

自媒体时代，人人都可以做IP主播，也意味着自媒体3.0时代来临。直播化直接带动了自媒体IP化的发展，何伊凡推出的自媒体视频集“盒饭秀”，开启自媒体人孵化新模式。曾经的职业作家、现在的自媒体人——“雾满拦江”打造了新型的商业模式，不同的自媒体人有自己的IP化道路。总体来说，自媒体的IP化有三种方法，具体内容本章将会有详细解读。

6.1 自媒体 3.0 时代来临

自媒体 3.0 时代的来临，将打破以往自媒体人单打独斗的局面，自媒体进入专业的团队和组织化形态。直播化，直接带动了自媒体 IP 化的发展，比如，何伊凡的“盒饭秀”“雾满拦江”等，都是自媒体 3.0 时代的典型代表案例。为自媒体开创了新的商业模式，也预示着自媒体的 3.0 时代更加开放与自由，IP 化演进的格局更加清晰。

6.1.1 直播化，带动自媒体 IP 化的发展

“罗辑思维”的罗振宇在某沟通会上对外宣布，《罗辑思维》视频节目在 2017 年 3 月 8 日停播，同时，进行重大改版：第一，“罗辑思维”的直播将采取直播和录播相结合的形式；第二，“罗辑思维”由之前的视频节目变为音频节目；第三，“罗辑思维”内容只在“得到”APP 播出。

“罗辑思维”的重大改版预示着自媒体 IP 的演进趋势，最显著的就是视频与音频的切换。

“罗辑思维”是著名的自媒体人罗振宇亲自打造的知识类脱口秀视频节目，在 2012 年开播，总播放量超过 10 亿人次，是最早玩出影响力的自媒体之一。“罗辑思维”也是目前自媒体领域比较成功的案例，拥有微信公众订阅号、脱口秀节目，以及服务类 APP 等相对成熟的分发渠道，可以说，“罗辑思维”是当前自媒体 IP 化的典型代表。

“罗辑思维”本身也被资本看好，2015 年 10 月“罗辑思维”正式对外宣布完成 B 轮融资，估值 13.2 亿元人民币。而在 2014 年，这个数字还只是 1 亿元左右。据多家媒体报道，腾讯领投新一轮 9.6 亿元融资，投后罗辑思维估值大约在 100 亿元。在资本过冬的背景下，以“罗辑思维”为代表的自媒体公司却颇受资本青睐，可见“罗辑思维”IP 化的前景可观。

自媒体的成熟、对资本的吸引力，这一切都是自媒体的直播化带来的良性发展结果，因为直播为自媒体 IP 提供了更广阔的想象空间。自媒体需要展示窗口，直播提供展现平台，两者融合发展，带动了自媒体 IP 化的发展。那直播究竟是如何带动自媒体 IP 化发展的呢？总体来说，有三个方面。

第一，直播为打造个人 IP 化提供平台。

直播为个人的 IP 化提供了展示的平台。没有过高的门槛，对内容剪辑的要求也不高，主播也不一定是高富帅、白富美，只要有个性化特点即可做主播。直播平台的出现助力自媒体 IP 有了物质基础和平台基础。

第二，直播是自媒体 IP 化变现的重要渠道。

知名的自媒体达人进行一场直播，接受和号召粉丝和围观者打赏，送礼物，与广告商合作，成为自媒体 IP 化的重要变现渠道。流量变现是自媒体 IP 获得盈利的方式，也是在检验这个媒体 IP 的市场受欢迎程度到底怎么样。著名的电竞女王 Miss 一场直播百万收入也不在话下。

第三，直播中的自媒体 IP 粉丝互动与成长。

直播中的自媒体 IP 是伴随粉丝互动与成长的，粉丝需要与 IP 业务近距离接触的机会，为获得这样的机会，打赏成为常态，而粉丝也愿意在这种打赏过程中与自媒体 IP 建立一种更为牢固的关系。我给我喜欢的自媒体 IP 打赏，因为它给了我启迪，让我有了新的思考，这就是粉丝的普遍心态。

直播化给了自媒体 IP 化发展的平台和机遇，让自媒体不再是过去单一形式的生存状态，有更多的自媒体人参与进来，与自己的粉丝互动，获得打赏和广告分成。在直播平台自媒体人与粉丝互动，共同成长，培养 IP 化，为 IP 变现提供可能。

6.1.2　何伊凡推出“盒饭秀”开启自媒体人孵化新模式

2016 年 6 月 24 日，今日排行榜创始合伙人和首席内容官何伊凡对外宣布推出“盒饭秀”，“盒饭秀”以打造全新的大型自制分享类知识社群为目标，每一期都会邀请来自不同行业的“大咖”，在 900 秒的时间内为大家分享一项技能。

“盒饭秀”所倡导的扁平化知识社群不仅营造出“匠人精神”的浓郁氛围，更是对自媒体 3.0 时代商业布局的积极探索。所以，“盒饭秀”开启了自媒体人孵化新模式。

首先，内容生产模式多样化。“盒饭秀”定位于一档知识分享类视频节目，从渠道上应用了直播、视频、音频等多种平台，全方位展示“行业知识型自媒体人”的人格魅力。另外，“盒饭秀”还力求覆盖多层次多行业内的优势资源，邀请垂直领域内的“大咖”作为演讲嘉宾，包括企业家、创业者、国学大师、戏曲艺术家、专业律师、儿童教育专家等，全方位、多维度、立体化展示内容生产模式，为粉丝带来知识盛宴。

“盒饭秀”汇聚一批具有优质内容生产力的自媒体人，并通过不断生产的优质原创内容，形成自媒体 IP 的聚合场，顺应了自媒体 IP 化发展的大趋势。

其次，资源、渠道的整合能力。“盒饭秀”以知识型社群为核心建设目标，在选题策划方面大力借助大数据信息匹配，例如，在自媒体人开展 900 秒演讲前，结合时下热点，确定选题方向和创作内容。粉丝可能关心和在意自媒体人所在领域的哪些问题，讲粉丝想听的，想知道的，以及意想不到的优质原创内容。

“盒饭秀”汇聚了一批自媒体达人，这是资源也是渠道，如何创作出用户感兴趣的内容，就考验资源与渠道的整合能力。而“盒饭秀”千万级别的粉丝也正说明了自身的受欢迎程度，也说明“盒饭秀”走对了自媒体 IP 化的方向。

最后，可持续的红人孵化模式。“盒饭秀”广泛召集不同领域内有表达欲望的行业“大咖”，授业于众，通过视频直播向公众开放，测试市场反馈情况。

“盒饭秀”有专业的内容团队为自媒体人提供管家式服务，运用自身强大的资源优势帮助自媒体人打造专属的自媒体 IP，其盈利和内容输出形成良好的自循环模式。从这个意义上讲，“盒饭秀”更像是一个自媒体人孵化平台，帮助自媒体人实现自我价值和商业价值。

何伊凡表示，“盒饭秀”要打造行业达人的“十万个怎么办”，让演讲者用专业知识讲述自己的专攻项，最终形成一个自媒体人的孵化模式，让天下没有难做的自媒体人。

6.1.3 职业作家“雾满拦江”转型自媒体人，打造新型商业模式

截至 2019 年年初，距离知名的职业作家“雾满拦江”转型为自媒体人已经 5 年时间了，“雾满拦江”的自媒体 IP 化体系也越来越成熟。“雾满拦江”，本名崔金生，男，“心学讲武堂”创始人，拥有百万级别的粉丝数量。“雾满拦江”是幽默写史领军人物，其代表性作品有《别笑，这是大清正史》《民国就是这么生猛》《神奇圣人王阳明》等，写作范围涉及历史、职场、企业管理、人情世故等。

“雾满拦江”以自媒体的形态，开创了一条适合自己的商业发展模式。总体来说，“雾满拦江”的新型商业模式有三个维度。

首先，“自媒体 + 培训”的方法。

我国每年毕业的大学生有六七百万人，庞大的毕业生群体意味着求职成为一个潜在的巨大市场。“雾满拦江”结合研究了 15 年的王阳明心学体系和自己 20 年的职场生涯经验，以为用户创造价值为出发点，为大学生求职者提供服务，提供系统化的指导，包括制定简历、传授面试技巧等，还有办公室政治等课程，进行全方位培训。

其次，全国分会式布局。

“雾满拦江”在社群布局方面采用全国分会模式，以城市坐标为基础，以读书、智慧、实践、成长为主旨，倡导在实践中领悟智慧。全国分会式布局侧重社群组织模式，以粉丝为核心，以定期举办社群会议的方式加强与粉丝的互动与联系。

最后，自媒体 IP 资本化。

“雾满拦江”以“自媒体 + 培训”的方法，开展全国分会式布局，其运作需要有资金支持。同时，“雾满拦江”的自媒体 IP 化道路也得到了资本认可，2015 年年底“雾满拦江”成功获得千万天使投资。

以自媒体为载体，以社群为运营模式，聚集一批有着共同价值观的用户，这就是“雾满拦江”的 IP 化转型道路，也为其他的自媒体人打造了新型商业模式的范例。

6.2 自媒体 IP 化的方法

自媒体 3.0 时代的来临加速了自媒体快速实现 IP 化，已经实现 IP 化目标的自媒体人已享受到 IP 化带来的红利，但尚未实现这一目标的自媒体人该怎么办？这就是本章节涉及的自媒体 IP 化的方法。通过社交平台聚合价值观相同的人，通过增值服务、电商等实现变现，紧追趋势，在自媒体人聚合平台“今日排行榜”展示自媒体人的风采。这就是自媒体 IP 化的方法。

6.2.1 通过社交平台聚合价值观相同的人

移动互联网时代，自媒体 IP 有了新的切入点和商业价值，最明显的就是粉丝群体，以及这些粉丝带来的商业购买力，也就是我们常说的粉丝经济。自媒体为什么要花费功夫吸粉呢？

因为只有有了足够的粉丝，才能使自媒体 IP 化有活力和原动力生存和发展。如果一个自媒体只是形单影只，只有原创作者的自编自导自演，那不是真正的自媒体 IP，只有有足够多的铁杆粉丝，才能拥有强大的力量，使自媒体处于良好的运转状态。而自媒体 IP 化的方法之一就是通过社交平台聚合价值观相同的人。

目前，有哪些社会平台可以实现这个目标呢？

第一，微信公众号。

自媒体人可以将微信公众号作为吸粉平台性渠道，但是要将群主的个人微信号、微信群与微信公众号作为一个整体营销，充分发挥微信这个平台的引流效果。汇聚有相同价值观念的人，比如，都对历史感兴趣，定时关注自媒体人的微信公众号推送的消息。

第二，QQ 平台。

这里的 QQ 平台指的是以腾讯 QQ 为载体的吸粉平台，包括 QQ、QQ 群、QQ 空间。聚合价值观相同的人，也就是围绕自媒体 IP 为中心，将认可自媒体 IP 价值观念的人集合到一起，比如大家都因为喜欢某个自媒体人而聚集在某个 QQ 群，而且，QQ 群的开放性和共享性也方便群成员交流信息，分享知识。

第三，百度贴吧、文库。

百度贴吧作为全球最大的中文社区，是一个相对成熟的互联网在线交流平台。在百度贴吧，依兴趣和主体分为不同的贴吧类型，每个贴吧都可以作为社群的交流分享平台，聚集有着共同目标和价值观的用户。

而百度文库则以权重占比高，成为自媒体人推广自己，实现 IP 化的一个有效渠道。比如，当潜在目标受众搜索某个关键词时，通过百度文库的搜索结果会靠前排名，进而被搜索到，汇集对某自媒体感兴趣的用户。

以上三点是聚合价值观相同的人的社交平台，将有共同目标的人聚集在一起，才能为自媒体的 IP 化提供可能。如果大家相互分散，没有组织性和纪律性，当然，也就谈不上自媒体 IP 的整合能力和变现能力，这就是为什么知名的自媒体 IP 都必须有一群忠诚的铁杆粉丝。

6.2.2 通过增值服务、电商等实现变现

通过增值服务、电商等实现变现是自媒体 IP 化的第二种方法，其重点在于流量变现，也是引导粉丝形成支付意识的重要环节。

增值服务指的是自媒体为用户提供超出常规服务范围的服务，比如，“罗辑思维”的付费会员服务。增值服务目前有两种比较常见的变现方式。

一是付费会员服务。付费会员服务是“罗辑思维”实现变现的重要途径，刚一开通该服务，短短 4 个月内“罗辑思维”即入账千万会费。付费标准是普通会员一年 200 元，铁杆会员一年 1 200 元，且会员数量有限，先报先得。加入会员后的用户，能够尊享和罗振宇亲密交流、优先参与会员圈子活动、商家优惠等优惠福利。

二是付费阅读。付费阅读是增值服务的另一种形式。在微博自媒体平台中，有付费阅读的功能，规则很简单，满足条件的用户可申请成为微博付费阅读作者，将自己发布的部分文章设置为付费订阅模式，想要阅读全部内容的用户需要付费才能查看。

除了增值服务外，电商变现也成为自媒体 IP 化的重要方法。比如，著名的自媒体财经作者吴晓波，以“吴酒”作为自媒体电商变现的一种尝试。其通过其微信发布，创造了 5 000 套单价 199 元吴酒礼盒套装 33 小时售罄的骄人业绩。

除了卖酒，吴晓波自媒体 IP 还出售培训课程，单价 1 000 元的大课门票，

座无虚席，粉丝在短时间内即买光门票，可见吴晓波自媒体 IP 的巨大魅力。

简单来说，电商就是通过互联网渠道的卖货方式，以实现变现，卖的范围非常广，从实物到虚拟物品，从酒品到培训课程，都可以通过电商途径变现。

当然，粉丝越狂热购买，就越显示了其在自媒体 IP 的变现能力，也是对自媒体运营者的肯定。换句话说，粉丝是看重了自媒体本人的魅力人格，愿意为其付款，进而实现转化与变现。这也告诉我们，自媒体 IP 必须有独特魅力，有灵魂领袖的存在，自媒体 IP 才能焕发勃勃生机。

6.2.3 紧追趋势，自媒体人聚合平台“今日排行榜”上线

2016 年 1 月初，自媒体人聚合平台“今日排行榜”正式上线。“今日排行榜”是一个专注于做垂直领域网红孵化的项目，也是国内第一家多频道网络播放平台。“今日排行榜”凭借完善的视频制作和网红包装的操作手册，试图联合并打造一批具有优质内容生产力的自媒体人，走批量孵化网红的模式，形成自媒体 IP 聚合。

也就是说，“今日排行榜”是一个为自媒体网红制定职业发展规划，打造自媒体 IP，实现变现的新型自媒体网络平台。同时，“今日排行榜”的上线也是紧追自媒体 IP 化的大趋势，其傲人业绩也证明其生逢其时。

“今日排行榜”微信公众号刚刚上线一个多月，就连续 4 周视频点击量突破 10 万 +，推出的首条视频，在 6 小时内其阅读量即轻松超过 10 万大关。这样直观的数据反映出了拥有原创力、个性鲜明的自媒体 IP 的实力，也使得“今日排行榜”成为一家现象级自媒体。

为什么“今日排行榜”能够快速取得这样的成绩呢？仅仅是占领了自媒体 IP 的先机优势吗？不完全是，总体来说，“今日排行榜”能够快速走红，和其内部运营机制有很大关系。

第一，选题独特，内容优质。

“今日排行榜”推出的每一期视频内容，其文章选题都很独特，文章内容也言之有物，比如，“今日排行榜”第一期内容，标题是《明星读榜 | 主播栗坤告诉你，让财经界老炮儿们 2016 蒙圈的新规矩》，内容是北京卫视当家花旦主播栗坤作为读榜人，解读文章。

在内容上，对 2015 年的财经大事进行梳理，标题借用当时冯小刚出演的热门电影《老炮儿》，调动读者好奇心，内容上也以小故事作为案例讲解，非常切合文章内涵。

第二，借助明星效应。

“今日排行榜”以高颜值、专业素养过硬的主持人栗坤作为“读榜人”，本身就是在借用明星效应。此外，“盒饭秀”的何伊凡既是“今日排行榜”创始合伙人，本身也是创业明星，也为“今日排行榜”增加了明星因素。在新浪微博的超级红人节上，“今日排行榜”还邀请济公扮演者——游本昌作为网红现身，立即引发轰动性效果。

栗坤、何伊凡、游本昌，这些不同领域的明星都为“今日排行榜”带来了与众不同的明星效应，聚集粉丝，打造重量级的自媒体 IP 平台。

第三，整合社群资源，形成互动。

“今日排行榜”还建立了遍布全国的庞大的线下社群，网络各行各业有表达欲望的自媒体人和精英人士，既为自媒体积累了种子级用户，也助力快速崛起，以热启动的姿态一问世即得到关注。在社群模式运营下，将自媒体 IP

人与粉丝形成有良好反馈机制的互动。

“今日排行榜”为当下的自媒体 IP 化树立了榜样，汇聚和挖掘各行业的精英，将他们聚集在“今日排行榜”这个平台，成就了自媒体人，也助力“今日排行榜”成为有实力和创新力的自媒体 IP“大咖”。

第 7 章

人物 IP 化：内容创业者的可持续路径

在 IP 时代，网红、企业家、手艺人等都可以演化成 IP 化人物，这也是内容创业者的可持续路径。人物 IP 化重在提供有输出价值的内容，让粉丝满意、追随，其选择变现的品类往往有很强的差异化风格，连变现方式也强调个性化。

7.1 人物 IP 化的三个方向

网红型 IP、商业型 IP、匠人型 IP 是人物 IP 化的三个方向，也是人物 IP 的主要类型。人物 IP 化是以个人为核心，打造一个专属类型的 IP，围绕该 IP 开发一系列的产品，包括视频、电影、讲座课程等，让粉丝有聚合的理由，有释放的平台。人物 IP 化的方向各有优势，我们在选择原创或投资人物类 IP 时需要有所甄别。

7.1.1 网红型 IP 化人物

2016 年是网红迅速崛起的元年，网红成为一个新兴潮流，实现着一个又一个商业价值。傅园慧作为运动员，凭借“表情包”爆发了洪荒之力，也迅速成为体育界的新兴网红。

网红早已有之，只是网红型 IP 化人物在 2016 年有了真正意义上的质变，很多网红完成了从一个单纯的视频创作者向网红 IP 转化。到 2017 年年初，网红人物在资本的运作下产生了巨大的商业价值，其中比较有代表性的就是同道大叔。

同道大叔，原名蔡跃栋，男，“85 后”，2013 年毕业于清华美院。凭借扎实的绘画功底和新鲜创意，蔡跃栋从 2014 年 7 月开始在微博发布一系列星座吐槽漫画，进而走红。2015 年上半年，蔡跃栋创建同道大叔文化公司，注册资本为 130 万元。同道大叔的全网粉丝有 3 000 万，是互联网平台中最具现象级的女性文化类博主之一。

漫画版同道大叔是一个眉毛和鼻子连在一起，嘴巴周围被粗暴地涂了一圈胡渣的大叔形象。作为星座内容的网红博主，同道大叔每天都会发 7 条左右与星座相关的图文或视频内容，微信上头条阅读量在 2 分钟内就可以轻松突破 10 万大关。

2016 年 12 月 8 日，美盛文化宣布以 2.175 亿元收购同道大叔文化传播有限公司 72.5% 的股权，通过这笔交易，网红“同道大叔”蔡跃栋直接套现约 1.78 亿元。到 2017 年 3 月，同道文化的估值高达 3 亿元。

仅创业两年，网红同道大叔就赚近 2 亿元，这无疑是业界对内容创业者的鼓励。

单纯做一个直播类网红可以赚钱，但很难成为网红型 IP。毫无疑问，网红 IP 需要有自己的特色内容，特别是泛娱乐化产业链条，而同道大叔走出了网红的 IP 化道路。

单看同道大叔，以为只是在微博发布星座漫画的网红。但实际上，同道大叔背靠一个以星座文化为核心的泛娱乐集团，那就是同道文化公司。公司旗下聚集了道仔传媒、同道生活、同道影业等子公司，涉及新媒体营销、出版、衍生品、电商、实体店、话剧等业务，是对网红 IP 的最好注释。

网红型 IP 人物可以是真实人物，也可以是漫画形象的同道大叔，和戴着头套的“同道大叔”蔡跃栋。总之，网红 IP 不再是简单的发个视频、微博，而要以专业的 IP 化运作，结合网红本身的特长，或搞笑或卖萌，进行彻底的网红 IP 化。

7.1.2 商业型 IP 化人物

知名投资人徐小平曾经说过，“每一个创业者都应该具备网红的潜质”。创业者扮演着引领者的角色，也可以是已经拥有一定成绩的企业家，比如，被称为网红企业家的董明珠。

如果说商业型 IP 化人物的养成历史，就必须要说到企业家网红。最早的是聚美优品 CEO 陈欧的“我为自己代言”，开启了企业家、创业者为自家企业品牌宣传而担任形象代言人的时代。

再到后来格力的董明珠、小米的雷军，也都从幕后走到台前，为自家品牌摇旗呐喊，以至于后来人们说到格力就想到董明珠，说到小米就联想到雷军。而商业型 IP 化人物也是从中升级演变而来。这样的现象是受到多种因素影响而形成的。

一方面，品牌的传播与塑造越来越人格化，企业家与用户的情感性联系在加强，比如，消费者可能因为认同董明珠而购买格力的产品，因为在消费者看来，格力品牌与董明珠本人捆绑在一起。

另一方面，粉丝经济的催化与成长。活跃在镜头前的企业家们自然成为企业的代言人，企业家越来越接近 IP 化人物，粉丝也愿意为这种 IP 化而埋单。

而商业型的 IP 化企业家也从中获得了隐性的商业利益，例如，董明珠与雷军的 10 亿豪赌，让媒体免费为其做足了宣传，董明珠以个人形象成为格力手机的开机画面人物，频繁参加各类媒体活动，痛陈国产电饭煲。这一切也都为格力省下了不少的宣传费用。

此外，还有续蕊美妆的 CEO 许磊，也许你对许磊的名字不熟悉，但她创造的销售业绩绝对可以说是商界的传奇。

许磊在早年任职于上海韩束时，以电视购物的营销方式，将韩束从千万级别销量直线上升到 2 个亿，第二年 6 个亿，许磊本人也被誉为化妆品界的“电购女王”。另外，许磊还自创化妆品品牌，2014 年销量突破 3 亿，成立专业的微商团队，帮助众多小微创业者实现梦想。

除了个人业绩与品牌的光环外，许磊的网红魅力也非常强大。曾有一篇“‘电购女王’许磊将加入《非你莫属》BOSS 团”的新闻稿，小编误将“许磊”写成了“韩磊”，因而引发了续蕊美妆“万人闺密团”的强烈“抗议”，足见粉丝对许磊的认可和支持。

综观董明珠和许磊的事迹可以看出，商业型 IP 化人物更多的是与自己的品牌联系在一起，为品牌代言，为品牌发声。另外，IP 化企业家还汇聚了一大批忠诚的粉丝成员，为自己的企业家偶像助威。

商业型 IP 化人物不同于以往的单纯性网红，企业家 IP 往往有自己的实业公司，代表企业也代表自己。而纯网红更多的是借助互联网平台实现个人利益，走的路线也多是搞笑卖萌或才艺展现等。

7.1.3 匠人型 IP 化人物

陈香白教授是广东潮汕功夫茶代表性传承人和非物质文化遗产传承人，中国茶文化研究专家。陈香白专注功夫茶茶道研究 50 年，独创 21 式，是功夫茶中最具代表性的人物。

专注于某一行业，“深耕细作”，以独到的见解看待行业领域内的诸多问题，最重要的是真正的匠人手中塑造的产品，拥有深厚的文化底蕴，这就是匠人型的 IP 化。

匠人型 IP 以内容输出为主体，而且往往是有多年的沉淀，才能持续输出有高质量的内容，我们可以将其看作匠心。而我们常说的“匠人精神”就是匠人型 IP 的精神性内核，以“一生只做一件事情”的执念，对所追求的事物有深度的热爱。这种精神激励下产生的内容也最具有说服力。

日本有部纪录片叫《寿司之神》，讲述的是一位时年已 80 多岁的寿司主厨小野二郎，几十年如一日，坚持专注做寿司，将匠人精神演绎得淋漓尽致。而且，纪录片播出后，小野二郎本人也美名远播，连美国前总统奥巴马到访日本时，也专程到小野二郎的寿司店品尝。

小野二郎曾说，“重复一件事情，使之更加精益求精，但永无止境，‘没有人知道真正的巅峰是在哪里’”。小野二郎就集中体现了我们所倡导的匠人精神，匠人精神是将对工作的热爱全身心投入，而匠人与匠人作品，也成为代表匠人型 IP 的核心内容，不可缺少。

而拥有匠人精神的匠人就是匠人型 IP 化人物所追求的那种少数群体，要想打造出匠人型 IP 化的人物，首先需要寻找符合匠人精神特质的精湛手艺人，再结合 IP 化的商业运作，汇聚粉丝团体，进而创作出匠人型 IP 化人物。

7.2 人物 IP 化的方法

如何塑造一个人物IP呢？总体来说，有三种途径，持续输出有价值的内容、选择差异化品类做出新高度、让变现方式更个性化，从内容、品类、变现三个维度，全方位把握，人物 IP 化从定位到输出进行全方位展示，比如，李诞就是人物 IP 化的典型，以 IP 人物的定位实现商业价值，值得我们思考。

7.2.1 持续输出有价值的内容

人物 IP 化的首要方法就是持续输出有价值的内容，在这里有两个重要的限定词，“持续”和“有价值”，也就是说，人物 IP 化向用户传递的内容一定是持续且有价值的，这里的持续是从时间维度来看，而不是“三天打鱼，两天晒网”，有价值指的是对用户而言，让用户获得有意义的东西。

对人物型 IP 化而言，要想做到持续输出有价值的内容，可以从这些维度切入。

第一，真材实料，原创内容。

像“罗辑思维”的罗振宇、吴晓波频道的吴晓波等，都是以真材实料的原创内容输出来吸引粉丝，粉丝也从中获得有用价值或启迪。

人物化 IP 原创的内容其吸引力很强，但输出前的创作过程也非常艰难，包括根据需求植入品牌、产品信息，在内容中融合植入，还不能引发粉丝反感，这就需要人物 IP 本身有真材实料，原创的内容也要有真材实料。

第二，粉丝互动，热点话题。

人物 IP 化的第二个维度就是粉丝互动，热点话题。让你的粉丝真正互动起来，包括人物 IP 和粉丝的互动，粉丝之间的互动。拉近与粉丝的距离，增强认同感。粉丝需要的是能与之谈天说地的好朋友，而不是高高在上的冷艳女王。

第三，形成组织，构建社群。

人物 IP 化是以某个人为核心建立专属性质的 IP，而这样的 IP 在运营中需要形成组织，构建社群是一个好的方式，因为社群是 IP 化在原创内容和粉丝互动基础上的又一个升级，帮助 IP 实现效应最大化。

持续输出有价值的内容是人物 IP 的必备条件和成功途径，在碎片化时代，人们更多的还是关注与自身有关的实用性内容，或者是娱乐性消遣内容。需要实用内容是因为人们时间有限无法关注所有的海量信息，只能挑选对自己有用的。需要娱乐性消遣内容是因为现代人的普遍情况是压力太大，需要解压和舒缓。

基于以上信息分析，如果你想进行人物型的 IP 化，就需要在持续输出有价值的内容时，考虑以上三个维度。站在目标受众的角度思考问题，提供有价值的内容，也是为变现提供基础。

7.2.2 选择差异化品类，做出新高度

人物 IP 化的第二个方法就是选择差异化品类，做出新高度。这里的关键词有两个，一个是“差异化”，另一个是“新高度”，前者决定方向，后者决定地位。

有些知名人物在专业领域非常有实力，但行业竞争非常激烈，大家看到的是这个行业的多金，而看不到行业背后的艰辛，无秩序性竞争，也会导致部

分有实力的人未能展现更多的特性。

要想将人物打造成一个成功的 IP，就需要选择那些差异化品类，做出新的高度，形成个人化品牌。比如，著名的财经作家吴晓波将“吴晓波频道”塑造成自己的优势明星品牌，实现人物 IP 化，这就是注重选择差异化品类的结果。形成以吴晓波为人物化 IP 的核心，开发出吴晓波频道、吴酒等自媒体 IP 商业矩阵。

在财经类作家中，吴晓波是一个非常善于会开展商业营销的人，在商业营销中，吴晓波又是最会做自媒体的人，两者重叠与融合，使吴晓波形成了自己的差异化品类，做出了新高度。

选择差异化品类，需要在人物 IP 化过程中选择那些与众不同的道路、思想与方向，做出特色和个性，且高于同行业者。

这里的差异化主要是指对人物 IP 的定位差异、渠道差异以及品类差异。大家都想做的定位肯定不具备差异化，渠道除了差异化更多的还是需要互联网各平台的综合运用，你是选择微信公众号塑造自己的人物 IP 化还是各大视频平台，或者综合运用。品类差异化，则倾向于在类别上的差异。

比如，同道大叔是“星座 + 漫画”的品类内容，企业家是商业型品类，手艺人走的是匠人型品类。

不同的人物 IP 化选择不同的品类，而且都在自己的品类下做出了同行业者艳羡的业绩，这样的人物 IP 化才有更强的说服力。

即使在打造人物 IP 化的过程中，品类差异的区别不是特别明显，比如，你是做搞笑短视频的，他是做段子视频解说的，都有幽默风趣的因素，有重叠性，那么如何做出差异化呢？重点就是产品的差异化。

总之，产品的差异化是打造人物 IP 化的核心，“道相同，术不同”，差异化的 IP 运营并不排斥产品的相类，只要对目标受众来说，这个人物 IP 有吸引力，愿意为产品埋单就够了。

7.2.3 让变现方式更个性化

任何一个 IP 化，其前期的运营培育、内容输出以及走差异化道路，最终目的都是为了实现流量变现，而人物 IP 化的第三种方法就是让变现方式更个性化。

人物 IP 的变现方式通常来说有以下三种。

第一，个人原创作品。

包括出书、出唱片、周边产品、见面会等，这样的 IP 变现方式是以人物 IP 化的个人原创作品为核心，以个人为创作组织单位，这样的人物 IP 既可以是单个人，也可能是几个人的组合。优点是变现方式直接，在与粉丝互动过程中即可实现，但劣势是变现成本高，风险大。

第二，众筹方式变现。

例如，某人物 IP 本身创作了多部热门小说作品，粉丝想要以高性价比获得纸质书，于是就以众筹的方式，主办方提前将样书打印出来，向粉丝预售，收取定金，最后批量生产，出售给粉丝，人物 IP 化也由此实现变现。

这种方式看起来非常妥善，既解决了粉丝需求，又实现变现，但也有风险，比如，会有兜售之嫌，无法把握产品质量，进而影响粉丝对人物 IP 的印象，处理不好有可能导致大规模掉粉。

第三，多维度变现。

人物 IP 化的多维度变现是以综合化的方式，实现全网全渠道的变现之路，比如，一个人物 IP 的变现初期可能只是发个短视频吸引粉丝，当后期商业运作成熟，粉丝没有太多新鲜感之前，就要开展多维度的刺激，比如除短视频外，还可以有真人秀、直播音频、电商等，让人物 IP 化释放更大的魅力值，为粉丝带来新鲜感，以持续吸引粉丝。

以上三点是人物 IP 的变现方式，而让变现方式更加个性化，就需要内容创业者结合这三点变现方式，创造出更多的变现途径，让人物 IP 化的商业价值得到最大限度的释放和回报。

7.2.4 大 E 妈开淘宝店不止是卖衣服，而是卖 IP

大 E 妈在自己的公众号每次发布新一期美照，在文章最后，都会打个小小开售的广告。

到时间准时开售。而大 E 妈的魅力也势不可当，经常不到 40 分钟上新 T 恤就能售罄。

从中我们也要看到，大 E 妈开淘宝店卖 T 恤，卖的不仅是衣服，更是在卖“大 E 妈”这个 IP，卖网友们对“大 E 妈”和《瑞丽》的情怀。所以，与其说在卖产品，倒不如说大 E 妈是在卖 IP。

著名的媒体人阑夕曾经这样定义 IP，IP 能凭借自身的吸引力，挣脱单一平台束缚的内容，我们称之为 IP。大 E 妈挣脱了平面媒体，转向电商平台，这是 IP 的魅力所在，也是 IP 变现的优势。IP 本身就可以自由穿梭在各大平台，跨界是一种能力更是一种优势。

大 E 妈属于人物化 IP，而且是当下炙手可热的网红之一，所以，大 E 妈本身就是人物化 IP。

在变现方面，大 E 妈开淘宝店卖衣服只是属于一方面，而更多的还是通过广告植入，品牌多以美妆、洗护等。

综合以上案例来看，人物 IP 化需要先 IP 后变现，而且变现方式要更加个性化，可以先期试水。

但本质上，人物 IP 化也依然要保持有价值的内容输出，对粉丝形成持久的吸引力，这里的持久吸引力不只是说发段搞笑、吐槽的视频即可，因为搞笑、吐槽都可以复制，用户看多了很可能会乏味。这就需要人物 IP 化演变出更多有创新力的内容，变现也才能更顺利。

第8章

电商IP化：电商创业者的下一个风口

IP化时代，一切都有可能成为IP，当然也包括电商，电商IP化是电商创业者的下一个风口。根据百度百科的解释，电商IP是指以流量内容为核心，以社会化媒体传播、社群运营的一种电商模式。也就是说，电商IP的重点在于流量内容的整合，加以社会化媒体、社群的运作，实现变现。当然，电商IP化也有自己的巨大商业价值，其IP化方法也是有迹可循的，这也是本章的重点内容。

8.1 电商 IP 化的价值所在

电商 IP 化的价值体现在哪里？当然就是指导商家开拓周边产品、帮助产品或品牌扩大边际价值，进而实现快速增值变现。电商 IP 化的核心是流量，流量内容是实现价值的前提条件，进而衍生出周边产品和边际价值。“罗辑思维”通过电商渠道出售《必然》，日销售量高达 5 万册，就是电商 IP 化的范例。

8.1.1 指导商家开拓周边产品

百草味、三只松鼠、良品铺子，当下国内顶级的零食电商巨头，都纷纷抢滩占领电商 IP 的制高点，以百草味为例，百草味借助火爆的电视剧改编 IP《微微一笑很倾城》，倾力推出抱抱果这一有 IP 潜力的爆款单品，助力百草味构建新的零食生态圈。

而在热门 IP——电视剧版《三生三世十里桃花》中，百草味更被赞为“最巧妙古装植入”。百草味与 IP 的跨界合作也彰显了零食休闲食品类电商的巨大潜力，不满足于单纯的电商卖货形式，而是以多个 IP 跨界合作，结合 IP 特点，开拓有个性的周边产品。

电商 IP 化的第一价值就在于指导商家开拓周边产品，用周边产品实现电商 IP 的流量变现。而电商想要走 IP 化道路，也要就自身的特性和产品优势做出一系列蝶变，才能符合电商 IP 的开发价值，挖掘背后的经济效益。

从大环境来看，单纯的电商推广的空间在逐步收窄，到 2017 年年初，淘宝天猫的用户数量已达到 4 亿多，短期内很难实现翻倍增长，淘宝的用户增长的步伐在逐渐放缓，网购人口增长红利已呈衰减之势。

同时，由于电商开店门槛较低，涌入众多店主扎堆聚集电商平台，特别是淘宝，数百万商家，真正赚钱的还是集中在头部的卖家，中小卖家一不小心就会陷入僵局。

在这样的背景下，电商卖家必须寻求突变，掌握主动权。而 IP 化时代的到来，给了电商商家新的机遇。

前面提及的百草味、三只松鼠等零食巨头对 IP 的投放就是一个很好的范例。电商卖家想要抓住 IP 化这一东风，最重要的就是将开拓周边产品放在 IP 价值释放的第一步。那如何开拓周边产品呢?

首先，需要从自身特色着手。电商的 IP 化不是简单地制作出一件产品，想办法卖出去实现盈利，而是以打造电商 IP 的要求和标准，对电商自身进行全方位评估和审核，适合开发什么样的产品，和哪些渠道合作，产品形式是什么，用户认可的产品是什么样的。这些问题都是商家需要从自身特色中着手寻找的答案。

其次，寻求社群发展模式。《罗辑思维》联合创始人吴声认为，IP+ 社群 + 电商是最具效率的电商变现方式。在过去的 2016 年，无论是网红还是企业家，都在粉丝的支持下为自己打上个性化标签，这是 IP 化的过程。另外，有相同价值观或爱好的人汇集在一起，是社群建立的前提条件，而电商卖货则是 IP 和社群最常见的变现方式。

所以，电商卖家需要寻求一种类似社群的发展模式，将划分标准从“物以类聚”走向“人以群分”，在这个基础上开发周边产品，这也是电商IP化的价值之一。

最后，多维度开发产品，形成体系。电商IP化需要从多维度开发产品，形成体系。比如，某电商以家居用品为主，有三大品类，分别是床上用品、厨卫用具以及客厅装饰。该家居电商参与植入某热门电视剧的广告宣传，另外，还以家居文化为主，打造当地的家居示范基地。在产品开发上，更是深度参与电视剧的创作过程，将电视剧中的场景直接融入该电商家居环境。

电商IP化价值指引下的产品开发与拓展，更多的是要围绕电商IP这一核心，全方位打造IP化的产品体系，并且柔性融入不同的使用场景，真正实现IP跨界合作。

8.1.2 帮助产品或品牌扩大边际价值

在城市用户增长放缓、流量红利时代结束的大背景下，电商企业需要以IP化为核心，借IP之力探索新的增长点，其中，帮助产品或品牌扩大边际价值，是电商IP化的价值之一。

产品的边际价值指的是在其他条件不变的前提下，工厂或商家增加一单位要素投入所增加的产品的价值。而在完全竞争市场条件下，我们所关注的应该是额外投入一单位成本所导致的额外产出是多少，当然这个数值应该是有条件地进行扩大。而电商IP化就可以帮助产品或品牌实现边际价值的扩大。

例如，服装电商企业设计研发了当季一款新的女式连衣裙，批量生产共1万件，在除去因生产所发生的所有固定成本后，剩余的才是这款连衣裙所创造的利润。按照理论情况，生产得越多，卖得越多，利润也就越高。

但实际上，产品的利润情况受多方面因素影响，往往产品的生产量要控制在一定范围内，才能取得最佳利润。经过计算，生产 98 000 件可以获利 200 万元，生产 110 000 件可获利 220 万元，而到了 120 000 件就是 190 万元，所以，电商应该将产量控制在 110 000 件左右。当然，这里的数值只是做一个参考，具体的数值要结合电商生产情况确定。

这里要说明的就是产品边际价值需要有一定的扩大，以此获得最佳利润，而电商 IP 就可以帮助产品获得扩大边际价值。例如，电商平台与明星合作。

专注于做特卖的唯品会是中国的第三大电商，也是全球最大的特卖网站。在电商 IP 化中，唯品会选择与明星一起站队。比如，邀请明星担任公司高管，成为唯品会拉拢粉丝的“撒手锏”。

2016 年 3 月 25 日，唯品会对外宣布，正式签约周杰伦，聘请周杰伦出任唯品会的 CJO，即首席惊喜官。并且以“都是傲娇的品牌，只卖呆萌的价格，上唯品会，不纠结”的时尚宣传口号俘获万千爱美女性的芳心。

唯品会力邀歌坛巨星周杰伦开展跨界合作，担任“高管”，显示了电商企业与明星 IP 在粉丝经济上的大胆尝试，也是电商 IP 化的重要示范。因为在互联网领域，明星与品牌更多的是形象化内涵，而担当电商“高管”，无疑是变成消费者身边活生生的朋友，为粉丝带来真正的惊喜，扩大了唯品会品牌的边际价值。

明星 IP 与电商跨界合作，是对明星 IP 的又一拓展和开发，也给电商企业带来新的启示。比如，电商企业在 IP 化进程中可以与明星 IP 共同成长，从中助力产品或品牌提升价值，电商 IP 化更多的还是对自身资源的综合开发与扩展，可以深度自我拓展，也可以融合外力，实现边际价值的最大化。

8.1.3 “罗辑思维”电商出售《必然》，日销售量高达 5 万册

《必然》是美国《连线》杂志创始主编凯文·凯利（Kevin Kelly）所著，全书讲述作者对未来 30 年人类发展的预言。《必然》是凯文·凯利“观察·反思·展望”三部曲的收官之作，中文版先于英文版出版。前两部《失控》和《科技想要什么》在中国出版后，曾引起很大反响。《必然》于 2015 年 11 月 6 日在“罗辑思维”电商独家首发，最高日销量突破 5 万册。

选择在电商渠道卖书的原因，“罗辑思维”的罗振宇是站在传播知识与拓展阅历的角度，为粉丝推荐实用的有价值的书。

比如，罗振宇曾在自己的网店开业的致辞视频中说：“我们不会把几十万种图书都堆在这儿供您选择，因为我们觉得未来的知识服务商有一项使命就是帮大家省时间”，而且还表示，“我们卖的所有的书都是我读过而且觉得好，而且觉得对增长您的见识，对于您生命的维度的扩张特别有用的书，我们才会放在这个店里。”

以读书为媒介，罗振宇运用多渠道进行电商转型尝试，进一步盘活粉丝经济。“罗辑思维”以知识社群为核心，在经历了脱口秀视频、60 秒语音、开设天猫旗舰店等，网罗一批忠诚粉丝，为知识内容付费。一系列动作，使得 2016 年“罗辑思维”销售毛利超过一亿元，直逼多个一线媒体巅峰期的收入。

在电商的道路上，“罗辑思维”的路越走越宽广，比如，早前的电商渠道卖月饼，还有卖柳桃，吃“霸王餐”、相亲会友等，一系列动作使得“罗辑思维”赢得了知名度，收获了真金白银。“罗辑思维”IP 准确选择了市场上的一个个小点切入，撬动了一个大市场。

总体来说，“罗辑思维”不是一开始就奔着电商 IP 化去的，而是在前期铺垫成熟以后，在粉丝之力和时代利好背景下，发力电商 IP 化。

第一阶段，“罗辑思维”以优质内容博得眼球。包括“有种、有趣、有料”的“罗辑思维”脱口秀视频和微信公众号里每天定时推送的 60 秒语音，都是经过罗振宇精心打磨的产品，没有太多商业化迹象。

第二阶段，以付费会员制开启知识有偿模式。“爱，就供养。不爱，就观望”。这一供养模式让罗振宇分分钟轻松入账 160 万元。看来粉丝还是很爱他的，愿意供养。

第三阶段，自媒体电商拓展出更广阔的空间。在微信卖图书礼包，再到微信小店卖 60 种图书，入驻天猫旗舰店，多个平台相互引流。自媒体电商初见模型。

第四阶段，开发衍生品“得到”APP。在自媒体商业模型中，罗振宇开发专属自己的衍生品，从最初的卖书到吸引大咖人物入驻，开办栏目，“得到”成为内容分发的优势阵地。

第五阶段，电商平台综合发力。2016 年 9 月，““罗辑思维””的微信店铺已由此前的有赞微商城店铺切换到了自家的 sao.cn 域名，变为独立电商平台“生活作风”网站，“得到”APP 依然是主力军，还开辟了得到商城板块。

通过每个阶段的衍变升级，“罗辑思维”找到了自己电商 IP 化的正确道路。以知识付费为核心，靠内容赚钱，由粉丝供养，是“罗辑思维”电商 IP 化的总体核心。

8.2 电商 IP 化的方法

电商 IP 化是当下电商企业最应着手积极探索的发展之路，因为电商 IP 化是移动互联网时代的电商模式的必然趋势，将电商做成一个超级 IP，需要有运营技巧和方法，而本章节就以电商 IP 化的方法论为核心，教你如何打造一个电商 IP。

8.2.1 在用户心中形成一个“有价值”印象

在用户心中形成一个“有价值”的印象，这里的“有价值”是从用户角度出发的，也就是说是用户认为我们的电商 IP 有价值，而不是我们自己高声吆喝我们的电商 IP 值多少钱。

那如何在用户心中形成一个“有价值”的印象呢？总体来说，需要从以下三方面切入。

第一，品牌溢价。

例如，一个电商品牌开发出一款高科技智能产品，售价 499 元，然后这个产品和 IP 品牌挂钩，是品牌的代言人。按照常规销售路线来说，品牌朝着 IP 化升级了，其产品理应涨价，因为 IP 本身需要运营成本投入，包括付授权费、营销费、人力成本等。

但我们还是卖 499 元，这样用户会认为，我以 499 元买了品牌 IP 的产品，超出想象与期待，将品牌溢价产品的价值原价卖给了用户。用户当然会认为这是一个“有价值”的产品。

第二，颜值加分。

综观各个行业领域内的超级 IP，其 IP 形象和颜值必定是加分项，让用户一见钟情，比如，哆啦 A 梦、《花千骨》等，其 IP 形象或代表人物都是高颜值，走的是可爱或呆萌路线，即使是手游 IP 形象也是非常的有特色，属于加分项。

所以，在这个“看脸”的时代，一定要给电商IP设计一套有颜值的形象体系，包括实物、营销手段，高识别度和欣赏度，能代表用户的独特品位和价值观，用户才愿意以自豪的心态分享到朋友圈。

第三，粉丝基础。

电商 IP 之所以能够成为 IP，是因为其背后站着一群不断壮大的坚实的粉丝队伍，在这个有粉丝撑腰就可以走遍天下的时代，电商 IP 化当然也不是空中阁楼。在这点上，“罗辑思维”是最好的范例。

总之，要想实现电商 IP 化，从品牌溢价到颜值加分再到粉丝基础，一个都不能少，这样才能在用户心中建立一个“有价值”的 IP 形象。

8.2.2 围绕“有价值”扩展业务

当在用户心中形成一个“有价值”印象以后，就要围绕这个“有价值”进行业务拓展，最终实现电商 IP 化。

“有价值”的业务扩展，当然是在“有价值”的形象基础上，在业务内容中探索出更有价值的电商 IP 化道路。

比如，巨头电商想要寻找 IP 进行跨界合作，开展“有价值”的业务，那么，这个电商该如何选择 IP 呢？毕竟市场上的超级 IP 有很多，从类别上就可以简单分为影视类、卡通类、品牌类、人文类等，要仔细甄别，才能确保后期合作的顺利开展。在这里，我们提出三个检验点，全部吻合才能实现跨界合作的基础。

第一，强强联合。

超级 IP 总是寻找行业第一或排名靠前的跨界合作者，这样才能强强联合，让 IP 释放更大能量。电商 IP 化过程中，电商要想拓展出“有价值”的业务，当然需要与行业巨头和有潜力的合作伙伴，充分发挥各自的优势，整合资源，助力电商 IP 快速崛起。

因为电商 IP 不同于其他类型的 IP，电商 IP 本身就是这个时代快节奏的产物，需要雷厉风行，强势入驻，而不是温火慢炖。电商要的是速度取胜，也许晚切入 6 个月，行业红利早已被别人割草收获了。

第二，气质相投。

例如，某家纺品牌的电商渠道走的是时尚风，而奢侈品腕表品牌也是主打时尚潮流，即使在不同行业领域，家纺和腕表也可以在气质相投的前提下开展 IP 业务合作。气质影响了 IP 开展业务的范围，决定了 IP 跨界的走向。所以，电商 IP 化进程中必须选择那些与自身气质吻合的 IP 或品牌才能开展“有价值”的业务合作。

第三，价值观契合。

价值观在电商 IP 化过程中是非常重要的核心战略，品牌业务拓展也必须围绕这一核心进行，有相同或类似的价值观，合作伙伴才能在电商 IP 化过程中披荆斩棘，实现共赢。

电商的 IP 化需要从多个维度出发，综合布局，特别是选择合作伙伴时，往往更需要慎之又慎，这也是开展“有价值”业务的前提条件。电商 IP 要建立在开展“有价值”的业务基础上，才能形成社群化势力，铁杆粉丝的氛围，进而电商变现也就更容易一些。

8.2.3 为主体业务“输血”，形成良性循环

当 IP 以燎原之势席卷而来时，电商 IP 成为继影视、游戏、自媒体之后的又一个 IP 主战场，电商 IP 的全民化时代已经到来。电商企业要想打造出自己

的电商IP化，就要为主体业务“输血”，形成良性循环，特别是扩展边际业务时，要注意“输血”与良性循环的双重运作。

如果我们将电商IP化看作一个当红艺人，企业主就需要为这个艺人设定明确的IP属性，围绕这个艺人可以开展“有价值”的业务内容，挖掘出更大的IP跨界可能性。是让这个艺人拍摄大电影还是电视剧，或是参加真人秀节目、代言平面广告。

总之，这个艺人需要进行全方位塑造，用“有价值”的业务为主体业务“输血”，进而形成良性循环。另外，电商IP化需要有电商平台作为支撑，相当于经纪人的角色。

电商平台在充当经纪人的角色的同时，还为电商IP化汇聚更多的粉丝用户，搭建跨界合作的基础架构，比如，电商IP与影视IP的跨界合作，为打造电商而创设一个多平台良性循环的生态体系。

2017年1月7日，微信公众号“企鹅和猫”对外宣布已经获得1 500万元的A轮融资，领投方为青骢资本，跟投方包括真格基金和上海曙夕等。而第二天就是企鹅团成立两周年的日子。

“企鹅和猫”是谁？如果你曾看过在网络上引发热议的“纽约留学女”系列或者是一名红酒爱好者，那么对“醉鹅娘”这个名字应该就不陌生了。“企鹅和猫”是美食KOL醉鹅娘王胜寒创办的订阅号，还创办了新公司“企鹅团”。

“醉鹅娘”，真名叫王胜寒，是当年《纽约留学女》视频的扮演者，因在视频中吐槽反讽回国后的种种不适应而走红。2013年毕业于美国布朗大学，后到法国学习红酒知识。2014年开始做葡萄酒和西餐的互联网入门教育，获得知名投资人徐小平的投资。

“企鹅团”的运营开始于2015年1月，王胜寒在经营“企鹅吃喝指南”期间，制作了“醉鹅红酒日常”视频，并开始运作付费会员制的每月订购服务。王胜寒意在将“醉鹅红酒日常”打造成为用户挑选葡萄酒的一大入口。

随后，“醉鹅娘”将一系列的产品进行实地内容化，包括“醉鹅红酒日常”、“喃猫料理日常”以及企鹅团葡萄酒每月订购、喃猫美食产品等，形成了一个以“视频节目 + 公众大号 + 电商 + 个人 IP”为矩阵的电商 IP，这些“有价值”的业务又可以独立运营，为主体业务“输血”的同时，不影响自身发展，形成一个自动良性循环的生态闭环。

在为付费会员提供相应价位又有价值的葡萄酒的同时，“醉鹅娘”还辅以视频、音频等知识化讲解，让不懂葡萄酒的人也能以优惠价格买到真正的葡萄酒，让中国人爱上葡萄酒，最终打造成第一互联网红酒品牌。

“醉鹅娘”的电商 IP 以葡萄酒为核心，类似于“罗辑思维”的卖书，但酒的商业价值要比书大得多，虽然“醉鹅娘”的知名度并没有罗振宇大，因为前者更关注垂直领域的聚焦，但“醉鹅娘”的电商 IP 的内容定位非常准确，即葡萄酒，而且在营销策略上也会追求酒与受众的契合，这是电商 IP 需要特别注意的一点，将内容与受众紧密贴合，才能共生互荣。

8.2.4 “三只松鼠”系列产品如何成为成功的电商 IP

作为互联网第一坚果品牌，“三只松鼠”在“双十一”展现了它的独特魔力，2016 年“双十一”当天，“三只松鼠”全渠道日销售额突破 5 亿元，跻身天猫电商全品类排行榜第七名。“三只松鼠”成功将过去不起眼儿的零食坚果包装成一个年销售轻松超 50 亿元的高附加价值品牌。

那么，“三只松鼠”系列产品如何成为成功的电商 IP 的呢？

首先，记忆定位是电商 IP 的第一步。“三只松鼠”的名字非常便于记忆，拟人化强，为 IP 化形成了一个好的记忆定位。所以，这也是起个好名字的必要性，如果当初“三只松鼠”创始人章燎原为自己的坚果起一个复杂生僻名字的话，估计营销广告费用也会涨不少。

另外，“三只松鼠”的 IP 形象以动漫为主，在视觉传达上，突出萌文化，对用户叫“主人”，体现乖巧可爱的特质，甚至还会撒娇。所有这些都是以“三只松鼠”的记忆定位为核心，让用户记得住，形成潜移默化的影响，当用户想吃零食时第一个想到的就是“三只松鼠”。

其次，及早占领用户心智。章燎原在 2012 年正式上线“三只松鼠”，仅两个月就成为天猫商城同类销售中的第一名，仅仅 4 年后，“三只松鼠”年销售额破 50 亿元，估计达 40 亿元。

“三只松鼠”这些成绩主要归功于及早占领了用户心智，在坚果零食行业尚未引入强势竞争对手时，“三只松鼠”获得了先入时机。这也是“三只松鼠”电商 IP 成功的先天因素。

最后，综合开发以打造全渠道的电商 IP。“三只松鼠”在跨界合作中展现了独特魅力，包括植入热门电视剧，包括《小丈夫》《好先生》《欢乐颂》《小别离》《微微一笑很倾城》等。另外，“三只松鼠”还在淘宝站外投放过网络广告。除了投放广告，“三只松鼠”还在品类上大做电商 IP 的文章。

比如，在“三只松鼠”的天猫旗舰店上，除主打零食外，还有花果茶、传统茶饮、柠檬冻干，以及眼罩、抱枕等三只松鼠动漫周边产品，其中比较成功的跨界品类就是辣条。

在未来，“三只松鼠”还会向文娱、旅游产业发展，比如，拍摄《三只松鼠》动画片，建设主题公园，将“三只松鼠”打造成为一个多品类跨界发展的电商 IP，具体效果如何，我们拭目以待。

此外，“三只松鼠”还发力线下，建设“投食店”，“这是一个 2.5 次元的空间，是线上二次元和线下三次元的纽带。它的定义是城市的歇脚地。”可以看出这是“三只松鼠”在形成成熟的电商 IP 体系后，对线下发力的强烈信号。

“三只松鼠”系列产品从多个维度切入，打造成为家喻户晓的电商零食类超级 IP，走出零食区，跨界发展，线下延伸产业链和生命周期，是电商 IP 的又一个创意性打法，也是带着互联网的基因塑造出更立体的松鼠形象。

第9章
品牌IP化：产品持续变现的最佳路径

品牌IP化是产品持续变现的最佳路径，产品也许会衰退，但品牌不会，IP化后的品牌只会展现更强大的生命活力。同时，品牌IP化的关键点在于有独特人格魅力、有粉丝社群、粉丝参与感强、转化率高，这样的品牌IP化才能形成良性的自循环生态系统。品牌IP化要的是粉丝真诚的爱，以最小的试错成本，做好IP内容，这才是品牌IP化道路的正确方法论。

9.1 品牌“IP 化”的四大关键点

你认为一个品牌在 IP 化过程中要把握哪些关键环节？是人格化还是粉丝支持？是流量还是变现？结合品牌 IP 化的实际运作经验，这些元素都是品牌 IP 化过程中的必备营养品，主线就是 IP，以打造 IP 的本质，去经营和管理品牌元素，最后塑造出成功的 IP 化品牌。

9.1.1 有独立的人格魅力

品牌 IP 化更准确地说就是有独立的人格魅力的拟人化，将品牌看作一个真实存在的“人”，有情感、有情绪、有幽默、能互动，就是典型的具有人格魅力的品牌 IP 化特征。既然有独立人格魅力是品牌“IP 化”的关键点，那我们如何按照这个关键点去塑造品牌的“IP 化”？

首先，需要品牌有情感特征，这是塑造人格魅力的第一步。人是有血有肉、有温度、有情感的社会性群居动物，通过品牌 IP 化的交互和沟通，能让用户和粉丝从需要变成想要，被品牌所传递出的情感所感染，进而成为品牌的传播者和跟随者。

其次，从视觉形象征服用户。视觉形象作为品牌形象重要的传递渠道，具有人格化特征和优势。比如，品牌 LOGO 和吉祥物，在 IP 化过程中，与其他途径进行融合展示，植入电视剧场景，以动态形象与电视剧中的人设互动。

最后，与用户的情感沟通与互动。无论是品牌还是品牌的 IP 化过程中，其实两者都需要与用户进行情感沟通与互动，让品牌塑造出人格魅力，以拟人化的形态与用户交流，这就是为什么许多品牌 IP 都有自己的 IP 形象，多以产品、动漫、视频甚至大电影的形态进行全渠道的扩展。

如果将品牌 IP 化比作一个系统工程，那第一要务就是为这个工程加入“人”的思维和情感，让它去和用户沟通，往往比培训 N 多个客服、构建客户服务中心更有效率。因为用户在和这个系统打交道的过程中已经被说服，转为流量之后可以迅速转化，实现变现。

比如，一个大型服务企业，走电商路线，研发以后即让模特试穿，作为商品展示详情的重要部分，可是对用户来说，特别是第一次搜索看到该服装信息的潜在客户来说，这样的展现显然还不是最直观的。

怎么办，就要让这个服装品牌有一个人格化展示，可以走青春活泼范儿，也可以是森女文艺范儿，抓住一个核心，展示产品的魅力，让顾客想到某一个词或景象时，第一时间联想到品牌 IP。

要想让品牌有独立的人格魅力，就要以类似网红的战略打法塑造我们的品牌，按照 IP 化的流程衍生更多的展示形态，占领用户心智资源，这才是有人格魅力和感染力的品牌 IP 化核心。

9.1.2 能形成粉丝社群

美国《连线》杂志创始主编凯文·凯利（Kevin Kelly）曾提出过著名的“一千个铁杆粉丝”的理论，该理论认为，创作者，如艺术家、音乐家、摄影师、工匠、演员、动画师、设计师、视频制作者，或者作者——换言之，就是任何从事创作、传递正能量和价值的人，只需拥有 1 000 名铁杆粉丝便能糊口。

这样的铁杆粉丝是可以为你的任何作品付费，包括物质的或精神的内容，这些粉丝愿意等你一年两年出一个好作品，愿意驱车百公里听你一个小时的讲座，愿意在互联网各个平台关注你的一切动态，推送个消息他能秒赞。

以上是从个人角度看待“一千个铁杆粉丝”理论，那从品牌 IP 化的角度也是这样，有了铁杆粉丝，再通过运作就可以汇聚成一个社群。

形成品牌 IP 化离不开粉丝社群，粉丝社群是由粉丝聚集起来的一个规范化的组织，重点在于社群，社群内部的成员是粉丝，特别是铁杆粉丝，非常重要。品牌 IP 化过程中，粉丝社群起到的是组织化、规模化的作用，让品牌 IP 释放更大的能量，感染更多的人加入品牌社群。

另外，品牌 IP 化的粉丝社群主要有两种类型，一是产品型品牌 IP 化粉丝社群，二是网络型品牌 IP 化粉丝社群。

产品型品牌 IP 化粉丝社群是以产品作为连接点，联系着品牌 IP 和用户，在粉丝社群中，成员可以组织社群活动，宣传和扩大品牌 IP 的影响力，感染更多的人，提升知名度。特别是线下的沟通交流活动，能够直接推动品牌 IP 化架构的深度搭建。在活动中以产品体系为核心，围绕产品对粉丝社群乃至品牌 IP 化进行再建设。

比如，奶粉品牌 IP 化，就是以对婴幼儿成长至关重要的奶粉产品为核心，多维度、多角度开发奶粉产品体系。同时融合营销运作将粉丝汇聚在一起，形成奶粉品牌 IP 的粉丝类社群，再由这些铁杆粉丝进行扩展，影响更多宝爸宝妈的消费选择。

网络型品牌 IP 化粉丝社群则是以互联网为终端媒介，集结粉丝形成品牌 IP 化的社群，其特点是以在线渠道的形式为品牌 IP 化助力，用户或铁杆粉丝通过互联网渠道交流体验，表达对该品牌 IP 的兴趣和偏好。进而形成信赖型的品牌 IP 认可，并通过粉丝社群和产品体验反馈信息。

粉丝社群在品牌 IP 化过程中发挥着树立用户口碑、凝聚用户共识的关键性作用，用社群内的粉丝力量去影响更多人的选择，用粉丝的社群组织打造更牢固的品牌 IP 化形象。

9.1.3 粉丝参与感强

小米科技联合创始人黎万强曾写过一本商业畅销书叫《参与感》，书的核心思想就是参与感对小米甚至整个科技行业的影响力。随后业界和网友们纷纷将参与感作为重点话题去解读。

在《参与感》一书中，黎万强提出了参与感“三三法则”，那就是做爆品、做粉丝、做自媒体。如果将该法则看作参与感的战略性指导意见，其中有关“人”的元素就是粉丝，其余的两项，爆品的本质还是产品，自媒体是发声渠道和路径。

人可以决定很多事情的走向，也可以塑造出很多前所未有的事物，粉丝的参与感就是品牌 IP 化过程中至关重要的“人”的因素。所以，品牌 IP 化的第三个关键点就是粉丝参与感，要让粉丝参与渗透，还要感受到参与的力量，最重要的是这种感受程度要相当强烈，才能形成真正的渗透式影响。

既然已经明白了粉丝参与感对品牌 IP 化的重要性，那如何去做呢?

第一，准确定位粉丝的心理需求，有需求才有动力。

例如，可口可乐公司为迎合大学毕业季的情感表达需求，曾推出了“歌词瓶”营销活动，以让毕业生通过创意性的带有歌词的可口可乐向四年同窗表达情感。而“歌词瓶”活动也收获了不小的商业价值。

第二，线上线下全渠道链接，加大参与度。

参与感需要线上线下全渠道链接，才能在粉丝心中加强参与感受，贴合品牌 IP 化的情感和营销路线。包括网络造势、在线报名、线下体验等，比如，小米就将粉丝的参与感做到了极致，甚至粉丝中的发烧友可以参与小米手机的研发环节。

第三，参与感和反馈建立良好循环。

当粉丝参与了品牌 IP 化的建设或维护过程，多数要有相应的反馈，品牌 IP 化必须为这种参与和反馈建立良好的循环模式，让首次参与的粉丝有兴趣再次参与，让已经参与的粉丝有动力持续参与，而这些就是品牌 IP 化过程中的重要原动力。

以上三点是针对如何加强粉丝参与感所给出的战略性设想，品牌 IP 化本身就要与粉丝的参与感紧密联系在一起，而且品牌自身也离不开粉丝的支持和拥护。在培养粉丝参与感过程中，品牌 IP 化也在实现着自身的商业价值。

9.1.4 变现转化率高

中国本土 3D 动画电影《西游记之大圣归来》在经历两个月上映后，最终累计票房达 9.56 亿元，超出同档期第二名《功夫熊猫 2》3 亿多元票房，《西游记之大圣归来》的好成绩再次说明西游系列之悟空 IP 这个虚拟人物的强大魅力，成为名副其实的国内动画电影的票房冠军。

在西游系列中孙悟空这个虚拟人物型 IP 是电视剧、电影改编的宠儿，历经多年仍然长盛不衰。作为一个影视文学中已经被打造成品牌类的超级 IP，孙悟空或西游系列的变现转化率之高，是其他同类 IP 无法超越的。除《西游记之大圣归来》外，还包括《西游·降魔篇》《西游记之大闹天宫》等均过 10 亿元票房大关。

从上面这些影视案例可以看出，品牌 IP 化也最终离不开 IP 的本质，其中最核心的就是变现转化能力，因为市场经济下的商业拓展与开发最终追求的就是变现，开发商除了获得金钱，也有了更多的经验和条件去滋养 IP，让品牌 IP 化有更强的生命力。

品牌 IP 化的变现最重要的是通过转化率实现，有了转化率才能将粉丝、流量等要素综合整合，搭建转化场景最终实现变现。

综合以上信息，可以看出要想实现品牌 IP 的目标，其关键点之一就是变现转化率，而且这个转化率的数字要高，才能真正支撑起品牌 IP 化所需要的势能和体量。品牌 IP 化的变现出路在哪里？这是打造品牌 IP 化要必然面对的问题。

要回答这个问题，需要从 IP 本质来探寻。变现和转化最本质来源于用户对品牌 IP 化的认可，这也是商业和资本为什么如此紧追 IP 的重要原因。因为 IP 本身就是流量入口，可以为商业带来更大的想象空间。

从用户角度看，他们渴望得到的是有价值的信息，希望从品牌 IP 化中获取自己想要的内容，比如，购买这个品牌 IP 的衍生品或为这个品牌 IP 埋单，能够让其在有限时间内获取有价值的信息，又或者它只是一种娱乐方式，帮其消磨时间。

所以，品牌 IP 化的变现或转化的重点就是为用户提供有价值的信息或给他们带去快乐或其他有用的价值。另外，品牌和 IP 有相通相似之处，品牌可以塑造为大 IP，能够成为 IP 必定是一个品牌，品牌“IP 化”需要的就是两者的完美融合，为用户和粉丝带去有价值的内容。

9.1.5 漫威的“美国队长”背后的强大品牌效应

美国演员好莱坞著名影星克里斯·埃文斯（Chris Evans）在接受 Esquire 杂志专访时表示，自己在拍摄完《复仇者联盟 3》《复仇者联盟 4》后，不会再演美国队长了，主要原因是和漫威的合同即将到期。

虽然漫威的《美国队长》漫画已经在第二次世界大战期间问世，但让人印象最为深刻的还是电影中克里斯·埃文斯饰演的美国队长的角色。“美国队长”背后的美国漫威漫画公司也是美国漫画巨头之一，塑造了多个具有英雄主义的角色，美国队长就是其中最有代表性的人物之一。

“美国队长”，原名史蒂夫·罗杰斯，他本是个身体瘦弱的新兵，为了报效国家，自愿接受美国政府的实验改造，被注射了一种秘密血清，身穿红、白、蓝三色战斗服，成为超级士兵。之后，发明药物配方的教授被间谍杀害，罗杰斯成为唯一的超级战士。

当美国宣布参加第二次世界大战后，“美国队长”立即加入反法西斯的战斗中，且立下了赫赫战功。战争步入尾声，“美国队长”却意外遭遇冰封，70 年后，被解冻，加入复仇者联盟，史蒂夫·罗杰斯再次以“美国队长”身份领导着复仇者联盟队员出生入死，完成不可能的任务。

经过漫画版和电影版的诠释，史蒂夫·罗杰斯被塑造成一个有血有肉的“美国队长”，散发着旺盛的生命力。漫威的“美国队长”也成为美国超级英雄队伍中的超级 IP，其背后有强大的品牌效应。

首先，“美国队长”代表的价值观有着强大的人格魅力。

看似无坚不摧的“美国队长”也需要有世界上最坚硬的金属之一——吸音钢制成的盾牌护身，但他对正义和自由的向往却是真正无坚不摧的力量。另外，在精神层次，“美国队长”的自我价值观相对简单，但这个妨碍他成为人们心中的超级英雄，作战英勇反应敏捷，符合人们对超级英雄的所有幻想。

“美国队长”塑造的是超级英雄对价值观念、人生哲学、现状的迷茫，对现代人有非常大的影响力和感染力，总之，“美国队长”代表的价值观有着强大的人格魅力，也是这个品牌 IP 化的精神内核。

其次，“美国队长”IP 有巨大的商业开发价值。

自从“美国队长”被搬上大银幕，就以超高的票房成绩向人们展示了超级英雄的号召力，2016 年 5 月，《美国队长 3》在内地累计票房超 10.13 亿元，成为 2016 年为数不多的超 10 亿元票房的大电影。“美国队长”IP 的巨大商业开发价值，仅大银幕一项就已经有数十亿的票房收入。

再次，“美国队长”的成长轨迹折射出成年的世界。

“美国队长”从羸弱的士兵成长为超级英雄，经历从普通人进阶的艰难过程，而在成为超级英雄之后，依然要卸去面具和战服，面对现代普通人的生活，有苦恼和麻烦，包括生活和爱情。

“美国队长”看似是在打造一个超级英雄，但在超级英雄的成长轨迹中依然可以折射出普通成年人的影子，这也是“美国队长”能够收获万千粉丝的原因之一，因为大家既想当超级英雄，又摆脱不了普通人的烦恼，可见超自然能力也有不能驾驭的时候。

最后，价值观支撑“美国队长”IP 的品牌延续。

品牌 IP 的故事构架和走向可以根据消费者的偏好加以设计，但在核心上价值观才是支撑“美国队长”IP 品牌延续的永恒力量。“美国队长”IP 化所体现的价值观是按照正义、自由、战胜邪恶等代表人性的价值取向，将这些附加在“美国队长”身上，让角色诠释出最好品牌 IP 化。

“美国队长”背后的强大品牌效应都是按照品牌 IP 化的战略与方针进行引导的，既引导角色诠释，也让粉丝有沉浸式体验，使得“美国队长”几经演绎，依然能发挥巨大的商业价值。

9.2　品牌 IP 化的方法

品牌 IP 化需要的是合理运作，才可能成长为让资本与市场接受，让粉丝喜爱与认可，有商业价值可挖掘的超级 IP。那如何运作呢？这就需要我们掌握一定的方法和技巧，针对品牌 IP 化，要让别人因为爱去买你的品牌，而不是因为需要，不要走其他人走过的路，深深扎根 IP 内容。从用户认可、发展路线、内容挖掘等不同维度入手，打造品牌 IP 化。

9.2.1　让别人因为爱去买你的品牌，而不是因为需要

IP 的影响力是巨大而持久的，因此，企业打造品牌 IP，就应该是为 IP

注入正能量，使其符合绝大多数消费者的审美情趣，被他们认可和喜爱，让他们因为爱去关注、去购买你的品牌，而不再仅仅是因为需要，而这才是企业打造 IP 的真正意义。下面，我讲两个例子，来具体说明好的 IP 对人们的巨大影响力。

我们都知道，2017 年最火的两部影视剧当属反腐剧《人民的名义》和动作军事电影《战狼 2》了。

《人民的名义》是一部现实题材的反腐剧，它讲述了检察官侯亮平调查一桩重大贪腐案件，在调查中遭遇种种挫折磨难，最终抽丝剥茧，将一批腐败官员送上审判台的故事。从 2017 年 3 月底开播，到 4 月底收官，《人民的名义》整整霸屏一个月，创下了自 2000 年以来的收视之最，将第二名的《大长今》远远甩在身后，其 CSM31 城收视率破 7，单集最高收视率破 8，豆瓣评分更是高达 8.3 分。

《战狼 2》是由吴京指导的动作军事电影，它讲述了一位退役特种兵冷锋在非洲拯救陷入战乱中的同胞的故事。《战狼 2》自 2017 年 7 月 27 日上映以来，票房表现堪称火爆，接连刷新多项纪录，其在上映第一周周末，便以合计 1.27 亿美元的全球票房成为全球票房榜的冠军影片，之后其仅用了不到半个月的时间，便突破了 40 亿元，打破了周星驰执导的 3D 喜剧电影《美人鱼》创下的 33.92 亿元票房纪录，创造国产电影历史最高票房纪录。截止到 2017 年 8 月 18 日，其在中国市场的累积观影人次达到了 1.4 亿，成功超越了《泰坦尼克号》北美市场观影人次 1.38 亿的记录，荣登“单一市场观影人次”全球榜首。

那么，为什么这两部影视剧能如此火爆，创造如此好的成绩？其原因就是它们所塑造的人物形象贴合观众的内心，弘扬正能量，符合人们普遍的价值观念。《人民的名义》所涉及的官场政治、人生哲学，既发人深省又感人至深；《战狼 2》则弘扬为国奉献、勇于牺牲的爱国情怀和大国精神。在当下，这种对内反腐，对外扬威的主题，能符合时代发展的需要，迎合国人们的心理诉求，受到大众欢迎，成为大众共同的精神食粮，所以这种 IP 的打造注定是成功的。

因此，企业在打造品牌 IP 时，就要顺应当前的社会潮流，迎合大众的口味，在 IP 中加入情感因素，使消费者爱上 IP 形象，进而爱上这个品牌。要知道，我需要某件东西所以购买，和我喜爱某个品牌而付费，是两种不同的消费层次，而后者是打造品牌 IP 的重要推动力。

如何形成这种推动力呢？最主要的是为 IP 注入人性中的永恒精神内核，包括一切积极向上的正能量，所承担这个品牌 IP 的主角可能不是十全十美但必须要拥有且认可人类共同的价值观念。

因为喜爱而购买是超越了物质的需求，从精神层次对品牌 IP 进行的认可，愿意在必要消费外拿出另外一部分开支，为我所喜爱的品牌 IP 埋单。当用户达到这种心态时，说明该品牌 IP 已经收获人心，这也是打造品牌 IP 的重要方法。

9.2.2 不要走其他人走过的路

在 IP 时代，最忌讳的就是直接复制，将所谓的成功的案例拿来就用，往往会东施效颦，贻笑大方。总之，不要走其他人走过的路，否则只会跟着前人的足迹，依样学步，失败也会成为必然。

“蜘蛛侠”是美国漫威漫画旗下一个超级 IP，仅仅是围绕这一品牌 IP 即可创造出众多的商业可能性。而提起蜘蛛侠，身着紧身衣，以超能力穿梭在城市楼宇间，保卫城市居民的安全的形象就会浮现在眼前。

另外，蜘蛛侠超级 IP 还有许多衍生品，包括学习用品、服装鞋帽等，都有明显的蜘蛛侠标志，形象鲜明，辨识度高。这就是独一无二的蜘蛛侠 IP。

所以，打造品牌 IP 化的第二个方法就是不要走其他人走过的路，也是创作者在塑造 IP 时的注意事项。因走原创道路虽然艰难，一旦运作成熟，就会释放巨大的 IP 价值。

例如，在智能手机领域，苹果的乔布斯重新定义了智能手机，以对产品的极致追求让全球果粉狂热追捧；小米的雷军以发烧级的热情让用户体验助力小米成为高性价比的国产手机代表；罗永浩以匠人精神对国产手机进行了情怀式改造，使得锤子手机就算没有销量也有情怀，这就够了。

你看，仅在手机行业就有这么多有代表性的品牌 IP，包括有个性的创始人和有特色的手机产品，让各家粉丝疯狂喜爱。

所以，品牌 IP 化最重要的是有自己独特性的内容，即使只有一两个爆款也足以支撑，因为 IP 本身就是由爆款打造出来的。否则，一味地照抄照搬，成功可能抄不来，失败反而会如影随形。

9.2.3 IP 内容是根，要不停扎深

品牌 IP 是根，要不停扎深，形神兼备方能深入人心，所以，在塑造品牌 IP 时，不要单纯用理性的眼光看待事物，过于关注 IP 可能带来的利益。否则，很容易被表象误导，反而抓不到本质。

比如，房间里有两个柜台，左边的是《冰雪奇缘》服装、饰品大集锦，右边是出现在《钢铁侠》《蜘蛛侠》中的特异道具，在没有任何事先告知的情况下，让 10 个小学生进入这个房间，自由选取自己的玩具。这时，我们能提前预知每一个小学生的选择吗？不能。因为这时的小学生是不会考虑价格、数量、家长的判断等客观性干扰信息的，完全凭借自己的喜好去判断和选择。

所以，品牌 IP 还是以内容为根基，打牢基底，才会在大范围内俘获万千粉丝的心，风靡全球也能成为现实。尤其是品牌的核心内容，必定是富有某种特定内涵的，这也是某些品牌 IP 历经十几年几十年仍然能保持持久生命力的奥秘。IP 的形式可以千变万化，以符合粉丝的需求，但 IP 的内容价值是永恒的，承载着 IP 的精神架构。

如何检验 IP 内容是否已经扎得够深？当大家想到某个特定场景，就会第一时间想到对应的品牌 IP 时，就说明其已经深入人心，也就是说，要为品牌 IP 起个有代表性的广告语或名字。

比如，科幻电影：美国好莱坞；手机：苹果；在线美甲：河狸家；肉制品：双汇或雨润；动漫：日本。不同的行业有不同的品牌 IP，但道理都是相通的，就是用代表性的描述以差异化和独特性来占领用户心智，让大家耳熟能详，品牌 IP 化也就取得了成功。

9.2.4 百年老店可口可乐，“乐趣 + 梦想”的制造者

百年老店可口可乐已经不再是过去那个单纯意义上的饮料制造工厂，而成为“乐趣 + 梦想”的制造者，成功从一个软饮供应商转型成为“娱乐公司”

或“内容提供商”。

可口可乐在为全球消费者提供一瓶瓶棕色碳酸饮料的同时，也在以各种各样的营销活动出现在各种场合。

例如，拿下中国艾菲奖的可口可乐“昵称瓶”营销活动，就通过驱动消费者参与进来，营造乐趣实现梦想的链条设计，使得可口可乐赢了一把。另外，可口可乐后续还有礼花瓶、歌词瓶、台词瓶、自拍瓶等。

比如，自拍瓶的创意是在瓶盖部分留出凹槽，以方便人们将手机卡入其中，并开启自拍模式，这样就直接将瓶身变为自拍杆。用户将可口可乐瓶身直接当作自拍杆，最重要的是这样拍出的每一张照片都有可口可乐的品牌 LOGO。

可以看出，可口可乐的瓶子营销达到了娱乐化的制高点，也显示了可口可乐作为品牌 IP 的奇特创意。在为消费者带去快乐的同时，也通过社交化营销达到了商业价值。

另外，可口可乐还投资赞助了超火爆的综艺节目“美国偶像”，凸显自己对梦想追求者的支持和鼓励。而且，可口可乐本身就有永不放弃，追逐梦想的精神，要知道，可口可乐在问世的第一年只卖出了 25 瓶，但可口可乐日后却创造了影响世界的现象级成就。

百年老店可口可乐凭借一瓶瓶小小的饮料，就征服了全世界的消费者，经过百年时间洗礼，仍然活跃在世界各地，可见其品牌 IP 的生命力。品牌 IP 的精神内核可以保持生命力的活跃，其外在形式也可以变换为多种形态，这也是品牌 IP 的魅力所在。

可口可乐看似只是一家生产饮料的百年企业，但其品牌 IP 凭借一瓶瓶畅销世界的饮料，而塑造出自己的极具代表性的品牌 IP，从最初的昵称瓶到自拍瓶，可口可乐唤起了年轻消费者的分享热情，也体现了品牌 IP 的内涵，既有内容生产力，又有自带流量的魅力人格。

从昵称到歌词、台词、点赞，唤起了年轻消费者收藏、炫耀、分享的热情，这就诠释了超级 IP 的定义：有内容生产力和自流量的魅力人格。

第10章
网络文学IP化：泛娱乐IP的核心来源

作为泛娱乐IP的核心来源，网络文学IP化一直是人们关注的焦点，网络文学IP化也迎来最强劲的发展态势。网络文学用户规模趋于稳定，阅读习惯移动化趋势明显，资本强势介入提升产业战略地位成为推动网络文学IP化的直接动力。同时，文学作品的IP化方法也成为其实现商业价值的重要途径。本章就以网络文学IP化为核心，为大家解读网络文学IP的行业现状和IP化路线。

10.1 网络文学引发 IP 行业爆发的三大原因

网络文学用户规模趋于稳定、阅读习惯移动化趋势明显、资本强势介入提升产业战略地位是网络文学引发 IP 行业爆发的三大原因，在这些条件催化下，涌现出了 PC 端和移动端的网络文学大集团，比如，阅文集团和掌阅文学。本章节从网络文学 IP 化的原因入手，讲述网络文学 IP 的行业趋势特征。

10.1.1 网络文学用户规模趋于稳定

处在泛娱乐 IP 产业链的核心头部，以文字为载体的网络文学为行业 IP 化输送优质内容和故事，有不少已经成为动漫、电影和游戏厂商眼中的“香饽饽”。这是网络文学 IP 化最直观的现状。

从定义来看，网络文学指的是以网络为载体传播的文学作品。网络文学与传统文学并不是截然对立的两面，事实上，已经有不少传统文学作品通过电子化成为网络文学的成员。而且，网络文学在近年得到了快速发展，其 IP 化也呈现越发强劲的发展势头，主要原因就是网络文学用户规模趋于稳定。

据统计数据显示：截至 2018 年 6 月，网络文学用户规模超 4 亿，占网民总体的 50%。相当于每两个网民中就有一个网络文学读者。

得益于如此庞大的用户群体，网络文学行业也得到了迅猛发展，网络文学作品数量将突破 2 000 万部，其题材也再不断地丰富，除了一直备受热捧的玄幻和都市以外，历史、武侠、科幻、游戏乃至现实题材都逐渐成为主流。

网络文学平台是原创文学的乐园，蕴藏众多有潜力的 IP，凭借绝对的 IP 输出优势成为泛娱乐产业的“心脏”，支撑并带动其快速发展。

10.1.2 阅读习惯移动化趋势明显

网络文学的发展离不开科技的助力，相较于传统的纸质翻阅形式，现在的用户似乎更习惯于移动端阅读，因为移动化阅读更满足人们快节奏、碎片化的生活模式。在生活场景中，移动阅读也更符合用户的消费习惯，比如，坐地铁、排队等候时，随时拿出手机来，看一章节的网络文学小说，非常方便快捷。

另外，在用户规模上，早在 2015 年，我国移动端网络文学用户规模就已经超过 PC 端，网络文学的移动端时代已经来临。据相关数据显示：2018 上半年国内移动端网络文学用户规模为 3.81 亿人，与 2017 年末相比增长 3 713 万人，占手机网民数量的 48.3%。阅读习惯移动化趋势明显，移动端也成为各大文学平台竞争的核心战场。

移动端的用户规模呈增长态势的同时，网络文学写手也在适应移动化。比如，借助“作家助手”技术平台，手机写作进入网文创作领域。据统计，每年有近 70 万人在“作家助手”上更新作品，网文创作已突破时间、空间的限制。

移动端网络文学用户规模增长，阅读习惯移动化趋势明显，用户的阅读改变也成为网络文学引发 IP 行业爆发的一大主因。未来三年，网络文学 IP 化中的移动端竞争必定会更加激烈。

10.1.3 资本强势介入提升产业战略地位

资本强势介入提升产业战略地位是引发网络文学IP化爆发的第三大主因，用资本的力量助推网络文学 IP 化。网络文学与游戏、影视、动漫等业态的联合作业，形成网络文学 IP 化的泛娱乐生态体系。

而且，网络文学在资本的运作下，可以将本身所具有的高延展性、高产量、大规模用户等优势集中爆发，再通过全版权运营模式，实现网络文学 IP 化的多渠道变现，凸显市场价值，这也是当下资本强势介入网络文学的背景之一。

BAT 巨头们对网络文学的布局也显示了各自想要在网络文学 IP 化过程中分得一杯羹的决心。2015 年 3 月 16 日，由腾讯文学和盛大文学成立的阅文集团正式挂牌，成为国内最大的网络文学集团。同年，阿里巴巴成立阿里文学，百度文学也在网络文学上布局已久，BAT 对网络文学的关注和资本加持，使得网络文学 IP 化的行业趋势越发明显。

资本的强势介入对提升网络文学的战略地位具有重要意义，也显示了资本对网络文学的乐观态度。而资本介入无非是看好网络文学的产业链开发能力，IP 化释放后的商业价值。

目前，网络文学的盈利模式以用户付费阅读、广告植入、粉丝经济为主，而 IP 化的网络文学则衍生出更多的有价值产品，包括影视、游戏、动漫等，这也是资本纷纷介入的一大隐性条件。

将原创作者引入资本平台中，获得其作品的全部版权，未来网络文学 IP 化开发以后，资本会得到数十倍乃至百倍的盈利回报，同时，也会撬动更大的产业发展。

当然，在这个过程中，还是要注意资本对网络文学的介入程度，网络文学本身属于创作型作业，需要一定的时间。所以，也需要资本给出更多的宽容度，毕竟优质的网络文学在 IP 化过程中才能释放更大的商业价值。

10.1.4 PC 端阅文集团一家独大，移动端掌阅文学新晋力量崛起

截至 2017 年年初，我国网络文学行业内已经形成显著的主流趋势，那就是 PC 端是阅文集团一家独大，移动端掌阅文学成为新晋力量崛起。

阅文集团是由腾讯文学与原盛大文学整合而成，成立于 2015 年 3 月，拥有中文数字阅读最强大的原创品牌矩阵，包括 QQ 阅读、起点中文网、创世中文网、云起书院、起点女生网、红袖添香、潇湘书院、小说阅读网、中智博文、华文天下等网络原创与阅读品牌。截至 2017 年年初，阅文集团是全球最大的正版中文电子图书馆、国内最大的 IP 源头。

相对 PC 端的一家独大，移动端的掌阅文学则是网络文学中的新晋崛起力量，不可小视。2015 年，掌阅科技宣布投资 10 亿元成立文学集团——掌阅文学，主打网络原创文学，掌阅文学旗下子公司包括掌阅文化、红薯网、杭州趣阅。掌阅文学的成绩主要源于掌阅科技在主打产品方面的表现，那就是掌阅 iReader。

掌阅科技正式发售自主研发的第二代电纸书——iReader Plus，配备 6.8 英

寸屏幕，搭载飞思卡尔 IMX6SL 处理器，8GB 存储空间，售价 999 元。在 2015 年 8 月，掌阅科技发布第一代 iReader 电子阅读器，开放预售 3 天，订单量就高达 63 万台，这个数据对于电纸书并不吃香的中国市场来说，表现已经非常不错。

掌阅科技在阅读科技产品研发、网络文学原创方面的努力得到了资本的支持，在 2016 年 1 月，掌阅科技完成首轮融资，规模接近 1 亿美元，整体估值接近 10 亿美元，投资方为国金投资与奥飞动漫。

虽然 PC 端的阅文集团和移动端掌阅文学主打的端口不同，但都是发力网络文学，势必会有重叠部分，但关键是无论端口如何，平台对优质网络文学作品的期待和整合必不可少，这也直接影响优质网络文学 IP 化。

比如，2017 年 2 月 23 日，由掌阅牵头，联合百度文学、中文在线、阿里文学、磨铁文学等多家数字阅读平台共同成立“原创联盟”，推出“精品内容全平台共享计划”。此外，掌阅正式签约“月关”及“天使奥斯卡”两位知名网络作者，从源头获得优秀网文作品。掌阅此举也正说明平台与行业对优质的网络文学 IP 作品的新期待和新布局。

10.2 网络文学 IP 化的方法

IP 化是网络文学作品未来发展的必然方向，在大趋势下，打造文学作品的 IP 化仍然需要一定的方法和技巧，遵循行业发展规律，才能更好地进行全产业链开发以打造衍生品。除此之外，文学作品的 IP 化还离不开全媒体运营，需要运用媒体的作用释放 IP 潜能。金牌作家顾漫的《何以笙萧默》，就充分体现了文学作品 IP 化的商业价值。

10.2.1 全产业链打造衍生品

网络文学作品的开发价值随着 IP 化的运作，继而出现一批改编影视作品、游戏、动漫等衍生品。一系列的开发加速了文学作品 IP 的延伸，也使得优秀的网络文学可以通过全产业链打造衍生品得以 IP 化。

所以，如果我们发掘了一个有潜能的网络文学作品，想要将其 IP 化，最重要的方法就是对其进行全产业链开发，打造系列型衍生品。

在衍生品开发方面，我们可以从网络文学作品的改编历史上有所体会，在 2011 年，国内网络文学 IP 迎来重要机遇期，宫斗剧《甄嬛传》和穿越剧《步步惊心》都改编自网络文学小说，且收视率和口碑均不错。

随后，2014 年的《匆匆那年》《古剑奇谭》，2015 年的《花千骨》《琅琊榜》《芈月传》，2016 年的《微微一笑很倾城》，2017 年的《三生三世十里桃花》等，一系列火爆的影视作品标志着网络文学作品 IP 化进入集中爆发期。

同时，这些已成名的电视剧可能开发出页游、手游、大电影，甚至走出国门，开拓海外市场，再次寻求新的天地。

网络文学 IP 化是对网络文学作品的深度开发，以全产业链模式打造网络文学的衍生品，以生态性思维将网络文学作品看作一个尚待开发的金矿。尤其是产业链上游要打破固有边界，为作品 IP 化提供想象空间，形成生产流通生态闭环。

比如，文化公司买下了一个看好的网络文学作品，想要做衍生品开发，在此之时，就要慎重确定该作品是否具有 IP 化潜力，简单来说就是是否有群众基础和商业开发价值，然后才是通过各种方式将网络文学作品与电影、游戏、文化等整合到一起，打造一个全产业链的系列型衍生品。

10.2.2 全媒体运营

在当下信息爆炸和碎片化的时代，再好的网络文学作品也需要有媒体运营，特别是全媒体运营，因为大家面对海量信息，争夺的就是用户的注意力，谁吸引了用户的眼球，谁就占领了先机。网络文学的 IP 化方法也是如此。

过去，网络文学产业的盈利主要是用户付费模式，要想看我的作品就要先交钱，而现在，随着 IP 化的发展，网络文学已经逐步向“以 IP 为核心，全产业链、全媒体运营”转变，围绕 IP 化，全产业链、全媒体运营是渠道，也是方法。在开展网络文学 IP 化的全媒体运营时，需要考虑以下三个方面。

1. 大数据分析

这个网络文学作品的 IP 化价值有多大？用户基础怎么样？全媒体运营的表现如何？这些问题都需要通过大数据分析说话，而不是仅凭领导者一家之言。大数据分析是网络文学 IP 化的决策基础，只有这样才能找到 IP 化的正确突破口。

2. 用户基础

从目前已经火爆的网络文学 IP 来看，很多网络文学作品在 IP 化开发之前已经积累了一定的用户基础，有商业开发价值，这样的网络文学才有全媒体运营的可能性。

3. **媒体渠道运作**

网络媒体、自媒体、电视媒体，微博、微信、朋友圈等都可以成为网络媒体运营的工具和阵地，毕竟全媒体运营离不开渠道的运作。在媒体运作形式上，公众号推送文章、短视频、发微博、朋友圈等都可以成为营销手段，为网络文学 IP 化打造出更大的知名度。

单从 IP 来看，其本身就带有粉丝，具备自传播性，优质 IP 的传播性更强，也更容易传播，在这样的综合性质运作下，全媒体运营成为网络文学 IP 化的重要方法。

10.2.3 金牌作家顾漫《何以笙箫默》，凸显文学 IP 价值

网络小说《何以笙箫默》是作家顾漫的成名作，它讲述了主角何以琛和赵默笙由年少时的爱恋牵出的一段缠绵悱恻，一生相爱相守的爱情故事，其笔触浪漫，文采斐然，成为爱情甜文的开山之作，该书从出版至今，历经三次再版，两次出版越南版，收获了大量忠实的粉丝，如今依然是爱情小说的经典。

正是有了这样的成就，《何以笙箫默》的 IP 打造大获成功，由钟汉良、唐嫣领衔主演的同名电视剧和由黄晓明、杨幂主演的同名电影相继上映，引起了广泛的关注和好评，也收获诸多奖项。

2017 年 2 月 28 日，在两年一届的全国电视制片业十佳表彰大会上，《何以笙箫默》电视剧荣获优秀电视剧奖，这是该剧所获得的最新奖项。

如今，《何以笙箫默》已伴随着影视剧的传播衍生出了多种产品，其影响力也扩展到韩国、日本和东南亚等多个国家。

《何以笙箫默》的成功凸显了文学 IP 的价值。如今，众多网络文学 IP 受

到了娱乐产业的追捧，很多著名的网络小说都被搬上了荧幕，如《后宫甄嬛传》《花千骨》《琅琊榜》《楚乔传》等等。

这些文学作品在 IP 化运作下，产生了放射性商业价值，实现了多端产品变现，推动了收益最大化。

在未来，影视、游戏等为代表的内容产业会使网络文学 IP 得到迅速发展，为网络文学的变现提供更多可能，形成“同一 IP 入口，多产业渠道变现”的共振模式，而优质网络文学 IP 进行全产业链的衍生品开发以及全媒体运营也必然成为 IP 化的主流趋势。

第 11 章
游戏 IP 化：“深度运营化”持续注入新活力

游戏 IP 化需要“深度运营化”以持续注入新的活力，因为游戏本身与电影、影视作品、网络文学不同，游戏要让玩家不断地产生新鲜感，进行精品化建设，才能真正征服广大玩家，提高留存率。而游戏 IP 化的方法也更侧重重构 IP 以设计新玩法，同时加入 VR 元素，让游戏 IP 化有新科技助力。

11.1 游戏 IP 化的三大前提

游戏 IP 化是对游戏深度开发与全产业链运营的考验，创作者和运作方都要遵循游戏 IP 化的规律，满足前提条件，即符合不同类型用户的偏好、从粗放型转向集约型、做好自己的游戏品牌建设。这三大前提是从用户偏好、IP 化经营与品牌建设的角度强调游戏的 IP 化。在本章节最后我们以全世界最经典的游戏《魔兽》为例，看它如何转变成超级 IP 的，希望大家从中得到一些启示。

11.1.1 符合不同类型用户的偏好

2017 年 3 月 16 日，阿里游戏在 2017 年战略发布会上透露，阿里计划在 2017 年将投入 10 亿元助力游戏 IP 的生态发展。另外，阿里游戏还宣布与国际发行商开展合作，包括龙腾中东、Efun、TFJoy 等，共同布局游戏国际化战略。

根据有关数据显示，月流水超千万级别的游戏中，有 IP 的产品占比超过七成，可见 IP 对于游戏的重要性。

游戏 IP 的发展前景是页游、手游巨头抓紧布局泛娱乐的重要驱动力。在实际的营收占比中，影游联动成为移动游戏中的新晋贡献力量。另外，H5 游戏的优点是开发周期短、开发成本低、传播渠道多，也吸引了游戏开发商的注意，成为帮助实现游戏 IP 变现的又一渠道。

无论是游戏 IP 的商业前景还是页游、手游、H5 游戏的优势，都离不开粉丝用户的支持，而游戏 IP 化的首要前提就是选择符合不同类型用户的偏好。

以知名的网络游戏开发商盛大游戏为例，盛大游戏也在用户调研方面下足功夫，盛大游戏 CEO 张蓥锋曾表示，盛大游戏选择了 1 万多个 IP 样本进行深入调研，发现电影与 PC 端游的用户体量最大、覆盖度最高，进行手游改编的潜力最大。而 PC 端游契合手游由轻而重的发展趋势，在画面、音效、动作、玩法等方面优势明显。

基于以上优势，游戏开发商在进行 IP 选择时，需要迎合不同类型用户对游戏 IP 的偏好，才能充分发挥游戏 IP 对粉丝用户的影响力，提高游戏 IP 化的成功率。

用户偏好从哪些数据中得出呢？一是用户的账号，用户通过哪些账号登录游戏，是微信还是 QQ ？二是用户标签，是都市白领还是学生，哪个阶段的学生，用户购买力如何、游戏兴趣是什么等；三是玩家属性，玩家是偏向休闲游戏还是重度游戏，有针对性进行区分；四是道具属性，游戏系统要根据玩家的道具偏好进行优先推荐。

这就是为什么盛大游戏要以上万个 IP 为样本，由样本中找出不同类型用户的共同特点，对页游、手游等端口的消费使用习惯，游戏 IP 化开发与运营才能更有针对性。

11.1.2 从粗放型转向集约型

游戏 IP 化的第二大前提就是从粗放型转向集约型，这也是打造一个成功游戏 IP 的“瘦身”法则。从粗放型转向集约型，是游戏 IP 化的法则，也是现实需要。

数据显示：2018 年上半年中国游戏市场实际销售收入达到 1 050.0 亿元，同比增长 5.2%。其中，移动游戏市场实际销售收入为 634.1 亿元，占中国游戏市场实际销售收入比重为 60.4%，同比增长 12.9%，客户端游戏市场实际销售收入 315.5 亿元，占 30%。移动游戏市场仍为整体游戏市场增长的主要动力，但增速明显放缓。

游戏收入的略微增减显示了行业内的调整状态，移动游戏拓展，端游市场增幅收窄。而且在参与厂商方面，中国游戏行业也进入调整状态，中国的手游厂商已经降至 3.3 万家 2018。一系列表现说明游戏 IP 也正在告别野蛮生长，进入盘活存量、增加用户付费的阶段。

整体环境的变革，使得游戏 IP 化必须从过去的粗放型转向集约型，优质的游戏 IP 越来越抢手，获得授权就成为开发商们必须争夺的资源。所以，在集约型方向发展上，游戏公司应当以长线优势来看待运营游戏 IP，尽量拓宽游戏产品品类，建立更加全面的研发体系。

11.1.3 做好自己的游戏品牌建设

做好自己的游戏品牌建设是游戏 IP 化的第三大前提，也是游戏公司最核心的目标诉求。相比打造或收购一个游戏 IP，更重要的是用心经营具有长线优势的游戏产品，将其建设成为可以代表游戏公司的可持续性的品牌项目。

如果一个游戏 IP 本身具有很强的可玩性，让玩家能够在游戏中获得认同，同时也会让用户对游戏以及游戏开发公司持有尊重和喜爱的态度。这时再持续投入营销，维护游戏社群建设，也会让游戏品牌搭建一个非常好的聚合平台，汇聚忠实玩家，收获商业价值。

比如，经典端游《梦幻西游》从发布之日起，这十多年里，其已经累计了 6 000 万注册用户，同时在线人数最高达 300 万，属于国民级别的 S 级游戏。网易也从这款游戏 IP 化中赚取了不少钱。

可以看出，即使游戏行业的竞争相当激烈，游戏公司还是要做好自己的游戏品牌建设，做好长线经营产品，这样会比走量上新更有沉淀价值。

当一个"超 S 级"的大作在端游渠道运作成熟时，游戏本身必定也汇聚了一大批忠实玩家，如果这时游戏公司推出手游款，该游戏 IP 也必然会以强大的号召力，吸引端游用户转移到手游平台，但前提是要做好自己的游戏品牌建设，让游戏本身自带"魔力"。

11.1.4 全世界最经典游戏《魔兽》如何转变成超级 IP

奇幻动作片《魔兽》由美国传奇影业、暴雪娱乐联合出品，邓肯·琼斯（Duncan Jones）执导，崔维斯·费米尔（Travis Vermeer）、托比·凯贝尔（Tobey Keiper）、本·福斯特（Ben Foster）等人主演，于 2016 年 6 月在全球上映，最终全球票房成绩为 4.32 亿美元。

影片改编自暴雪娱乐制作的经典游戏《魔兽争霸：人类与兽人》，其以人类联盟和兽人部落之间发生的尖锐冲突为背景，讲述了黑暗之门打开之后，两个世界的种族为了各自的生存和家园奋起而战的故事。

全世界最经典的游戏——《魔兽》已诞生 20 多年，早已经成为暴雪娱乐的经典之作，也在全球凝聚了一大批忠实粉丝。由知名游戏改编为电影，席卷全球票房，有像《魔兽》这样的成功者，失败的案例也有不少。很多时候是游戏能够俘获无数玩家的玩心，但改编的电影却无法让观众叫好，为什么会有这样的反差呢？

第一，目标人群的定位不同。游戏以相对小众的玩家为目标，而电影则是面对所有走进影院的观众，属于大众娱乐性消费群体，游戏玩家钟情的情节可能不会让观众有太大共鸣。

第二，游戏与电影在互动和体验方面的差异。前者注重竞技与互动，后者看重故事情节的矛盾冲突和演绎。所以，游戏要想改编为成功的电影需要在情节方面有更深入的研究，在用户体验方面也要有所创新。事实上，失败的案例往往是在这点上做得不够精致。

第三，题材拓展空间有限，成本制约。相对于小说改编为影视，游戏改编的难度要高出许多，游戏注重闯关和操作，而电影重情节和画面，两者的鸿沟决定了题材拓展的空间有限，再加上磅礴宏大的画面呈现，的确需要大手笔投入。相对影片上映后的不确定，投资方和发行方可能会更为保守。

即使有了这些反差和失败的可能，但《魔兽》打造出的超级 IP 却给了 IP 市场一剂强心针。

首先，《魔兽》多年积累已沉淀一批优质游戏作品。《魔兽》的开发商暴雪娱乐属于全球著名的视频游戏制作公司，出品过《魔兽争霸》《星际争霸》《守望先锋》《炉石传说》《魔兽世界》以及暗黑破坏神系列等多款经典游戏，搭建了享誉全球的“游戏帝国”，这些也为《魔兽》超级 IP 提供了扎实的粉丝基础。

其次，良心制作，满足不同用户的需求。《魔兽》制作方为了满足资深玩家和普通观众不同层级的需求，良心制作。争取“神还原”，对得起游戏玩家，比如，在电影的服、化、道方面加强基础功，画面震撼炫酷，对经典情景进行再现。对普通观众，以标准的影视作品为准，尽可能避免出现只有玩家才能懂的情节，让观众可以欣赏一部动作逼真、画面精致的大制作电影。

最后，准确抓住超级 IP 的利好期。《魔兽》虽然在电影上映前十年已经有所准备，但多次跳票也是为了给玩家和观众更好的体验。最重要的是《魔兽》的上映正赶在超级 IP 和泛娱乐产业井喷期，充分运用 IP 联动和粉丝情怀实现变现。

暴雪娱乐的《魔兽》成功转型为超级 IP，也给国内的游戏厂家和开发商带来一定启示，那就是将游戏 IP 从过去的电影的营销噱头真正转变为 IP 全产业链中的关键环节，以游带影，真正实现游戏 IP 化。

11.2 游戏 IP 化的方法

要想将游戏进行系统开发，转变为成功的游戏 IP，就要讲求一定的方法，最重要的就是重构 IP，开发和引导游戏的新玩法，这样才能有效吸引用户。另外，“游戏 +VR”，也可以成为游戏的接力棒，让游戏在 IP 化得到延伸。最后，本章节案例分享的是《天将雄师》，不炒作而把游戏 IP 化，为游戏玩家带来更好的用户体验。

11.2.1 重构 IP，开发和引导游戏新玩法

游戏、动漫、音频等属于网络文化创意产业中的链条，虽然没有太多类似网络文学那样的火热之势，但在重新解构和创新的基础上，游戏 IP 可以演绎出一套卓有成效的 IP 化的方法论。

事实上，从 2015 年开始，网络文化产业中的很多领域都在集中探讨 IP 化，

特别是网络文学、网络游戏等，彼此之间又相互交错和影响，IP 化已经进入一种胶着状态，连带着此前一直不被看好的网络动漫也成为大家哄抢的对象。

网络游戏作为最早的 IP 化领域之一，在 IP 化越发白热化的 2016 年已经显现出某些“高烧症状”。巨人网络前总裁纪学锋曾警告，现在的数万家游戏内容提供商，最后的存活率可能不到百分之一，尤其是过度依赖 IP 的移动游戏厂商。

众多的游戏开发商之所以看重 IP 化，是因为 IP 确实能够带来实际效益，有数据显示，有 IP 的手游下载转化率是无 IP 游戏的 2.4 倍，收入是无 IP 游戏的两倍。这也造成许多中小型游戏开发商盲目贴合 IP，但无法深入挖掘商业价值。这种 IP 化的“高烧症状”也使得重构 IP、开启游戏新玩法成为必然趋势。

比如，网易在开发西游系列游戏时，就注重端游、手游等多个领域的平衡和改进，包括听取游戏玩家的建议，及时调整游戏内容等，让 IP 真正融入玩家思想，这样才能使游戏 IP 化更加有成效。

而对于已经有一定知名度的游戏 IP，主流游戏厂商则是运用文学、影视、动漫等不同形式，对游戏 IP 的运营进行重新探索，深入挖掘游戏 IP 产品的内在价值，建立 IP 化矩阵，在平衡与创新中为游戏 IP 化“降温”。

11.2.2 “游戏 +VR”，成为游戏的接力棒

“游戏 +VR”成为游戏的接力棒？是的，这也是游戏 IP 化的必然趋势之一。因为 VR 技术的日益成熟，与游戏的高吻合度，使得“游戏 +VR”成为游戏 IP 的接力棒，也是游戏 IP 化的方法之一。

首先，我们先来理解一下 VR，VR 是一种虚拟现实技术，是运用计算机仿真系统生成的一种虚拟世界的模拟环境，是多种技术的综合，包括实时三维

计算机图形技术，广角立体显示技术，以及用户五官的跟踪技术等。

对用户来说，其实就是一种全新的交互体验。这种交互体验区别于 3D 电影所呈现的景象，3D 电影是为用户提供观看体验而没有互动内容，VR 却可以以全景视频和体感操作，为用户带来更加逼真的环境体验，相当于在一个 360 度的虚拟空间中。

另外，VR 与 PC、智能手机也有本质性的不同。PC 时代，用户需要鼠标和键盘实现信息输入与读取，而智能手机的出现只是让这种输入动作变为手指对屏幕的刷、点、语音输入，从这点来看，PC、智能手机在本质上都是一样的。而 VR 则是全方位融入用户的交互动作，包括头部动作和手势动作，VR 能够实现全方位捕捉，让你置身在一个"真实"的场景中。这就是 VR 与 PC、智能手机的不同。同时，VR 的交互方式正好与游戏相吻合。

第一，游戏需要有更多的带入式场景。例如，玩家在游戏当中闯关，和队友并肩作战，如果将这种场景通过 VR 呈现，势必会有更大的开发价值和想象空间。

第二，游戏与 VR 有更好的契合点，如果现在你正在痴迷的游戏推出 VR 版，你是不是有兴趣试试？如果这时有个 VR 游戏线下体验店，你是不是想进店感受一下？从用户的角度也说明游戏与 VR 有更好的契合点，游戏让 VR 有了更细致的切入点，VR 使游戏有了沉浸式体验的可能。

第三，技术推动 VR 硬件进入市场。尽管到 2017 年年初，VR 的硬件技术和价格尚未达到让广大用户和玩家真正接受的地步，但硬件技术的发展使得这一切都不是难题，也许到 2020 年，我们会看到 VR 已经接过传递棒，成为游戏 IP 化的一部分。

"游戏 +VR"成为游戏的接力棒，也是游戏 IP 化的方法之一，我们在看好 VR 的同时，也要明白 VR 技术与设备和游戏与游戏 IP 真正融合、实现变现还有一段时间。但我们要从现在开始重视游戏 IP 中对 VR 元素的布局，这样当“风口”真正来临时，才能斩获成果。

11.2.3 《天将雄师》不炒作却把游戏 IP 化

古装动作电影《天将雄师》由李仁港编剧并执导，功夫巨星成龙、约翰·库萨克（John Cusack）、阿德里安·布劳迪（Adrien Brody）、韩国男星崔始源等人主演。影片根据真实的历史故事改编，讲述了西汉汉元帝年间西域都护府大都护霍安誓死保护丝绸之路和平的故事。电影于 2015 年 2 月 19 日上映，全球票房收入为 7.44 亿元。

电影的热卖吸引了 37 游戏的注意力，经过 IP 版权授权，37 游戏着手开发《天将雄师》的页游版游戏。

《天将雄师》页游是以古时最伟大的三大帝国：罗马、匈奴和大汉为故事背景，以争夺势力版图为主要玩法的国战类游戏。同时，游戏引入递进掩杀式的战斗模式，还有计策系统、地形系统的引入以及战术的运用开启战斗新奇玩法。

在进行游戏 IP 化时，游戏设计师将原版电影中的细腻的感情戏份有所删改，而增加和延伸了战斗剧情。玩家可以在游戏中凭借官职系统和争夺皇位以号令群雄，以特色鲜明的将领英雄人物设定，给玩家带来全新的游戏 IP 化体验。

虽然电影版有庞大的宣传和造势，但《天将雄师》页游没有太多的炒作动作。而作为国内知名的专业网页游戏平台，37 游戏选择《天将雄师》是区别于以往的热门经典 IP，将关于罗马后裔的真实历史故事融入游戏开发中，给了玩家不一样的新鲜感。

第 12 章
音乐 IP 化：IP 产业新的爆发点

音乐 IP 化是 IP 产业新的爆发点，这种爆发在很大程度上是源于泛音乐时代的来临。音乐已经不再是过去专属于歌星与强势的制作公司，音乐有了更大的拓展空间，也使得诸多音乐人扎堆进入影视圈，国民歌曲纷纷走上 IP 化道路，由音乐延伸到周边产品，改编成为音乐 IP 的重要方法。音乐 IP 的成功之作也预示着音乐产业成为 IP 化中新兴崛起的力量。

12.1 泛音乐时代来临

泛音乐时代来临，音乐已经不再是单纯的音频性质的艺术表现形式，而是融入泛娱乐基因，使得音乐得以 IP 化。并且音乐在 IP 化的作用下发生化学反应，释放更大的商业价值，有更多的拓展空间。在这种时代背景下，越来越多的音乐人扎堆进入影视圈，对那些合适 IP 化的音乐加以提纯和再创作，例如，“国民歌曲”《同桌的你》就最先走上音乐 IP 改编之路。

12.1.1 音乐人扎堆进入影视圈

随着国内电影市场票房的逐年增长，资本进入电影圈的势头越来越猛，有越来越多的影视文化项目进入大众视野，这也吸引了越来越多的音乐人的注意力，音乐人扎堆进入影视圈已经开始成为一种普遍现象。

就拿炙手可热的当红人气明星鹿晗来说，鹿晗出道于韩国著名男团 EXO，作为歌手，他有不少作品，比如：《封印》《冒险时间》《致爱》《勋章》等等，并因此拥有了众多疯狂的歌迷，其个人微博拥有近 5 000 万粉丝，2014 年 8 月，其微博个人单条评论数量更是创下了吉尼斯世界纪录。

正是在这种火爆的人气下，鹿晗开始进军影视圈，2015 年 1 月，他主演的电影《重返 20 岁》上映，他凭借此片获得第 22 届北京大学生电影节最受欢迎男演员奖，5 月，登上了《福布斯》杂志中文版的封面，其后，又相继主演悬疑电影《我是证人》和著名的 IP 电影《盗墓笔记》，均取得了不错的成绩。

2017 年 4 月，鹿晗主演的古装玄幻剧《择天记》登陆湖南卫视十点档青春进行时剧场 ，该剧平均收视率达 1.12，全网播放量突破 270 亿，成为周播剧场开创以来非暑期档收视冠军。

凭借着超高的人气，鹿晗由音乐人成功转型，进入了影视圈，实现了名气和财富双丰收。

除了鹿晗，还有不少音乐人转型进入影视圈，比如，中国摇滚乐的殿堂级人物郑钧担任电影编剧，成为 3D 动画电影《摇滚藏獒》的制片人；知名音乐人张亚东则启动了自己的导演处女作《寒武纪》；筷子兄弟以一首《小苹果》红遍大江南北，筷子兄弟成员王太利将其创作为影片剧本，搬上大银幕。

音乐人进入影视圈并不是稀奇之事，早前也有范例，比如，周杰伦曾执导电影《不能说的秘密》《天台》等，任贤齐也曾拍过电影作品。还有演员出身的赵薇、徐峥跨界当导演，而且都取得了不错的成绩。大量音乐人选择跨界进入影视圈，有成功的，也有票房惨淡的。

究其原因，一是因为当下中国电影进入大繁荣时期，大量资本流向影视圈，使得音乐人开始向影视圈发起冲击。

二是音乐市场的相对暗淡，使得音乐名人想要通过在音乐圈的影响力渗透到更大范围，而影视圈是与其最接近、最容易切入的领域，也可以试图为自己寻找新的出路。

三是因为大环境所致。泛音乐时代的来临，使得音乐跨界成为现实，音乐已经不再局限于自身的歌曲性内容，而是和影视、艺术家、投资人、律师、科技等跨界融合，在资本和资源的运作下，打造一个泛音乐的大舞台。

12.1.2 适合 IP 化的音乐类型

泛音乐时代的来临，使得音乐人对影视圈抛出橄榄枝，音乐 IP 化也成为必然，那适合进行 IP 化的音乐有哪些类型呢?

1. 有非常高的知名度，传唱度要广

适合 IP 化的音乐歌曲要有非常高的知名度，传唱度要广，这样才会有一批足以走进电影院为故事埋单的粉丝，同时也能节省电影等的宣传费。也就是说，歌曲本身必须为“现象级”的音乐作品，是成为 IP 化的基础音乐类型。

乍看之下，似乎满足这一条件的音乐作品比比皆是，但是成为优质的音乐 IP，还需要从时间与空间的维度进行仔细考量。有些歌曲在 20 世纪八九十年代确实风靡一时，又或者在个别的地区红到发紫，但始终是短期“现象级”或者“局部象级”的音乐作品，尚不具备成为独立的优质音乐 IP 的能力。

2. 需要深厚的情感内涵和主题

国民歌曲《同桌的你》《一生有你》《栀子花开》等，都以深厚的校园情感内涵影响了无数“80 后”“90 后”，表现了纯真烂漫的校园主题。从另一层次讲，音乐作品本身既代表了演唱者、作词人、作曲人，也成为特定历史时空的代表。

比如，一代歌后邓丽君，她的《甜蜜蜜》《我只在乎你》《在水一方》《月亮代表我的心》等，几乎每一首都可以当成邓丽君时代的代表作。其中，《甜蜜蜜》更是成为音乐 IP 改编影视作品的经典案例。

电影版《甜蜜蜜》由陈可辛执导，张曼玉、黎明主演，讲述了在 20 世纪末期香港新移民的大背景下底层小人物的真挚爱情的故事。电视剧版《甜蜜蜜》是导演高希希携手著名演员邓超、孙俪，演绎了一段美好的纯真爱情，歌曲《甜蜜蜜》始终伴随其中。

3. 制作人需要有一定的资源整合能力

高晓松虽然是音乐人，但从其背后的资源号召能力和品牌影响力来看，绝对不输大牌导演。还有知名主持人何炅，也是拥有令其他音乐人羡慕的优势资源。

适合 IP 化的音乐类型主要有以上三种，满足这些条件的音乐才更有把握和可能成为未来的优质 IP，将歌曲和画面恰当整合到改编的作品中，包括影视剧、动漫、舞台剧等。

12.1.3 “国民歌曲”《同桌的你》最先走上音乐 IP 改编之路

电影《同桌的你》在上映后 3 天票房即破亿元，9 天之内突破 3 亿元，稳居 2014 年度最热门的青春爱情电影榜首。如此佳绩的电影是由郭帆执导，周冬雨、林更新等联袂主演。

《同桌的你》改编自高晓松同名歌曲，高晓松曾坦言，创作灵感来源于初中时期曾喜欢一个同桌女孩，不过当时由于双方家长的阻碍而恋爱未果。多年以后，在同学聚会上高晓松认出了全班所有同学，却唯独没能认出当年的同桌。歌曲《同桌的你》即以此为原型，代表了青涩的校园爱情，也引起了众多听众的共鸣。

从某种程度上可以说是“国民歌曲”《同桌的你》最先走上音乐IP改编之路，2014年电影上映时，国内的音乐IP尚未大范围流行，这个由一首校园民谣发酵而成的电影，以不足3 000万元的投资，斩获4.6亿元的票房，以典型“以小博大”，成为同时期电影票房的最大赢家，也直接促使后来投资人纷纷看重校园音乐改编作品模式，包括主持人何炅跨界执导的电影处女作《栀子花开》，还有《她来听我的演唱会》《小情歌》《三年二班》等。

一般情况下，一首流行歌曲最长不会超过5分钟，而一部常规电影至少需要90分钟的内容。将5分钟的歌曲扩展为90分钟的电影，需要在音乐IP化中嵌入更多的内涵。除此之外，更大的难度在于如何将歌曲中模糊的故事，在电影中重新搭建，而且要无缝对接，有所创新。严格来说，是如何将歌曲的情绪传递到电影作品中。

《同桌的你》中以“谁把你的长发盘起，谁给你做了嫁衣”准确表达了一种怅惘和怀恋的情绪，而电影中男女主角青涩的情感，简单的交流，正契合了“80后”甚至“90后”当年的校园场景，引发了回忆各自青春的观众的强烈共鸣。

《同桌的你》带热音乐IP改编之路，不仅是占领了先入优势，更是点燃了歌曲、电影与观众共同存在的情感爆发点，关键还在于这个音乐IP准确抓住了人性中最本真的主流感情，包括爱情、友情与亲情。

12.2　音乐 IP 化的方法

音乐 IP 化是未来音乐行业领域的必然趋势之一，我们在打造一个新的音乐 IP 时，掌握特定的方法才是正确的道路。最重要的是整合音乐的娱乐特征，延伸周边产品，利用大数据去搜获关注度高的音乐，以获得满意的音乐 IP，但关键还在于改编。让优秀的音乐作品走 IP 化道路，释放更大潜能，让音乐人和制作公司收获更多的价值。

12.2.1　整合音乐的娱乐特征，延伸周边产品

2016 年 9 月 19 日，阿里大文娱对外宣布：高晓松任命阿里娱乐战略委员会主席，宋柯就任阿里音乐董事长，杨伟东兼任阿里音乐 CEO。

而在此前三个月，阿里大文娱才刚刚成立，旗下囊括阿里影业、合一集团（优酷土豆）、阿里音乐、阿里体育、UC、阿里游戏、阿里文学、数字娱乐事业部。此次高晓松、宋柯、杨伟东的人事变动被看作阿里大文娱板块布局的第二步。

另外，阿里音乐在成立伊始，除其董事长、CEO 职位由高晓松、宋柯担任外，还力邀主持人何炅作为阿里音乐的首席内容官，三者的明星效应使得阿里音乐迅速吸引了人们的注意力。随后，高晓松、宋柯、何炅这个“铁三角”加盟阿里音乐后，即对外推出娱乐交互平台“阿里星球”。

阿里星球的前身是阿里音乐旗下播放器应用——“天天动听”。升级后的阿里星球已经从一款单纯的音乐播放器升级为提供多种服务内容的泛娱乐平

台，包括粉丝经济、互动直播、音乐产品交易等，涵盖粉丝游乐、天天视听和幕后英雄三大板块。

阿里星球在运作方面，也考虑到了对音乐人的商业价值与回报。例如，歌手想要寻找专业的音乐人邀歌，就可以通过阿里星球的平台。而音乐人也可以通过阿里星球寻找更多的艺人，而不只是金字塔顶端的那 10% 的艺人。在回报方面，粉丝、素人和歌手都可以参与竞价，使得音乐人收获更好的前景。

阿里星球从单纯的互联网音乐行业，延伸到泛娱乐领域，主打周边产品，整合音乐的娱乐特征，让粉丝有全新的交互方式，还建立起音乐行业的幕后交易体系，形成艺人、粉丝、商家为一体的商业闭环，打造一个音乐 IP 的泛娱乐平台。

音乐有多重娱乐特征，可以给听众带来多层次的视听感受，最重要的是音乐所传递出的快乐和情感。而音乐 IP 化通过整合音乐的娱乐性，延伸出更多的周边产品，形成泛娱乐的音乐特质，表现情感和感受，这才是音乐 IP 化的核心方法。

12.2.2　利用大数据，搜获关注度高的音乐

在过去，人们对音乐产业的理解更多的还是靠人的直觉，音乐公司的高管在判断一首歌是否会火时，往往是根据自己对这首歌的理解以及在音乐行业多年的打拼的经验，这是最主要的依据。

如果自己认为这个音乐作品有潜力、有前景，就会通过各种宣传手段造势等推向听众和市场，至于对方是否能够接受，这就不是音乐公司和高管能

够控制的事情了。而在音乐 IP 化时代，一首歌曲到底有没有潜力将是靠大数据“说话”。

打造一个优质的音乐 IP 化，在大数据分析方面，最直接的作用就是搜获关注度高的音乐。数据成为音乐 IP 化最好的引导师，尽可能避免音乐公司高管做出错误的决定。

透过大数据分析可以清楚地了解到在各大流媒体服务网站上歌曲的排行榜成绩，还能知道收听这些歌曲的听众群情况以及听众的音乐偏好类型，将音乐与听众真正连接起来。

在全球知名的社交网站 Facebook 上，其后台每天都会产生大量的用户数据，Facebook 的成功不仅是因为踩对了互联网时代发展的点，更是因为它以开放图谱为泛娱乐提供大数据，而开放图谱也使 Facebook 平台上的数百万个应用分得社交网络应用的一杯羹，包括音乐行业的巨头，比如，环球音乐和索尼音乐。

依靠 Facebook 的海量数据，音乐公司也可以得知用户在搜索哪些音乐，哪些关注度比较高，进而为音乐 IP 化的锁定和开发提供真实可靠的依据。

12.2.3 获得满意的音乐 IP，关键还在于改编

《同桌的你》《栀子花开》《一生有你》《爱之初体验》《睡在我上铺的兄弟》等改编自音乐 IP 的电影，都获得了不错的成绩和口碑，也从商业角度展现了音乐 IP 的延展性和可塑性。

从这些改编电影中可以看出要想获得满意的音乐 IP，关键还在于改编，可以将传唱度高的音乐作品搬上大银幕，也可以改编为漫画舞台剧等形式，而

这也是音乐 IP 的优势所在。经典歌曲被集中改编为电影，究其原因，还是由行业和音乐 IP 本身特质所决定的。

首先，电影行业的白热化，使得资本开始投向更有商业价值的地方。而经典歌曲改编的电影，一方面有一定的名气，宣传难度会小一些；另一方面，以往的游戏、网络文学改编已经被瓜分殆尽，而音乐尚有挖掘价值。

其次，音乐 IP 的主题性、原创性都适宜改编。一首经典老歌的主题性往往非常明确，或校园怀旧或青春浪漫，也契合当下“80 后”“90 后”的审美层级和标准。特别是《同桌的你》《栀子花开》等为音乐 IP 开了个好头，也带动了音乐改编电影的发展。

最后，音乐 IP 的扩展性强，想象空间大。一个几分钟的歌曲改编为近 2 个小时的电影，难度可想而知，但这也使得该类影片有很强的扩展性，想象空间大，编剧可以在歌曲本身注入电影元素，包括人物和情节，使电影更加丰满，细致诠释出原有歌曲的意境与情感。

音乐 IP 改编电影是当下的一种热门现象，但不是音乐 IP 的唯一出路，因为过于依赖经典歌曲也会导致音乐 IP 发展乏力。

而另类音乐原创却在音乐 IP 化过程中，发展成为独立的音乐路线，多首“神曲”的走红就是最好的例证。例如，调侃室友的《张士超你到底把我家钥匙放在哪里了》；抱怨加班生活的《感觉身体被掏空》；表达年轻人过节焦虑的《春节自救指南》；温情“小清新”《我喜欢》。

音乐不仅可以改编为引人回忆的青春派电影，也可以是命中大众“红心”的各类“神曲”，而这也给音乐 IP 化提供了更多的演绎方式和渠道，改编也有了更多可能性。

12.2.4 《栀子花开》5 天票房达 3.2 亿元，开辟青春片新类型

《栀子花开》是由知名主持人何炅执导，李易峰、张慧雯等主演的青春校园电影，于 2015 年 7 月 10 日全国公映。影片讲述了年轻一代为了实现梦想孤军奋斗的过程中，发生的关于爱情与友情的故事。《栀子花开》也表现强劲，5 天票房即高达 3.2 亿元，最终以 3.2 亿元票房收关，开辟了国内电影青春片的新类型。

乐视影业 CEO 张昭曾说："音乐 IP 就是大金矿。"即使没有剧本，没有演员，甚至也没有导演，只凭一首歌，就能让一众投资人忙得热火朝天，急于开发音乐 IP 这个"大金矿"。

《栀子花开》成功开辟了青春片新类型，是继《同桌的你》之后，又掀起的一股青春电影的热潮。而《栀子花开》是何炅推出的第一支单曲，在 2004 年首次推出后，传唱度和知名度一直不错，歌曲围绕着"淡淡的青春，纯纯的爱"这个核心，传达校园纯爱情结。本身就非常符合音乐 IP 化的内在要求，这也是投资人看好《栀子花开》的重要原因。

《栀子花开》的总策划彭宇说："我们有个投资人，没看剧本、演员，只是听了一遍这个歌，说想到了失联的同学，就想做这个投资。""《栀子花开》IP 价值多少？青春价值多少，它就价值多少！"可见音乐 IP 化的独特魔力。

音乐作品走向 IP 化，需要有一定的娱乐因素，因为 IP 化本身就是延伸开来给观众看的，改编电影的口碑和票房也都来自这里。

另外，《栀子花开》之所以成功，和主持人转型过来的导演、也是原著歌曲的演唱者何炅有很大关系。何炅作为中国资深的娱乐类主持人，本身拥有非常多的资源。再加上小鲜肉和鲜花的 CP 组合，以及歌曲《栀子花开》的十年沉淀，这些因素都成为《栀子花开》音乐 IP 化的有利条件。

第 13 章
影视 IP 化：跨界融合新探索

影视是 IP 商业价值放大和实现变现的重要途径，其头部内容价值在 IP 化运作下日益凸显，最明显的表现就是顶级影视剧版权价格不断突破，一个优质影视 IP 的全版权单集费用甚至可以高达千万元级别。影视 IP 作为文化产业中的头部，IP 越火爆越说明其跨界融合开启新探索的必要性和紧迫性。这也促使影视巨头合纵连横，呈现放射状、立体化的发展态势。

13.1 影视“IP 化”趋势加剧

影视巨头合纵连横，直接加速 IP 化战略的升级；经典科幻《隐形人》打造原创 IP，开辟影视行业新路线；浙江卫视瞄准“超级 IP”，推出本土真人秀《西游降魔记》，种种迹象表明影视“IP 化”趋势在快速加剧。无论是影视巨头的投资动作，还是科幻电影 IP 化，或者是地方卫视以真人秀对 IP 进行运作，都是以不同形式对影视 IP 化的肯定和追逐。

13.1.1 影视巨头合纵连横，直播加速 IP 化战略升级

影视 IP 化是个热门话题，能够引发大众热议，资本追捧，同时，影视 IP 又属于文化产业内的板块。文化产业是一个行业内的大集合，IP 的火爆也说明了文化产业跨界融合的重要性。而对影视巨头来说，以合纵连横实现 IP 化的战略升级就成为当务之急。接下来为大家介绍三家影视巨头，以及他们各自的 IP 化战略布局。

1. 华谊兄弟：致力于 IP 内容价值与流转最大化

华谊兄弟是国内最早进行商业化电影制作的民营影视公司之一，由王中军、王中磊兄弟创立，其旗下拥有的一线明星占据中国演艺明星界的半壁江山。

经过 20 多年经营发展，华谊兄弟已经汇聚了一批优质明星资源，更重要的是拥有丰富的影视 IP，其核心竞争力也是生产优质 IP 的能力。

在影视 IP 的合纵连横战略中，华谊兄弟与阿里巴巴、腾讯、中国平安组成中国娱乐行业的“兄弟连”，特别是与腾讯的战略合作，使得华谊兄弟拥有了腾讯平台的优质原创 IP 资源，包括游戏、文学等。

2. 乐视影业：多屏战略，协同互联网 + 影视生态发展

乐视影业是中国影视行业里的新兵，并将自己定位为“电影互联网公司”。乐视影业从 2011 年成立用不到 6 年时间即迅速跻身中国电影行业的“第一梯队”，成为后起之秀。

在影视内容生产的规模能力和专业能力方面，乐视影业旗下汇聚了众多人气 IP，《睡在我上铺的兄弟》《凡人修仙传》《茅山后裔》《尸语者》等。多屏战略以原创 IP 为核心，推出多个影视版本，让用户在智能手机、电影院、电视等平台实现多屏切换。在影视生态发展方面，乐视影业以爆款影视 IP 产品带动乐视手机、超级电视的销量。

3. 合一影业：全新定义“多屏”电影产品

优酷土豆集团旗下的合一影业成立于 2014 年，背靠强大的母公司优酷土豆，以多屏形式打造全新的电影形态，覆盖 PC、手机、Pad、电视、航空等屏幕渠道，依托于优酷土豆平台大数据，开启影视 IP 孵化新模式。

合一影业将孵化 IP 列为重点拓展方向，不仅是打造一个全新 IP，更是让 IP 借助自身平台的力量，实现跨越式发展。

华谊兄弟、乐视影业、合一影业等影视巨头以合纵连横的 IP 战略，发挥自身优势，集中特色内容，打造有专业生产能力的影视 IP。

当然除了以上三家影视企业外，还有中影股份、上影集团、博纳影业等影视巨头也都在影视 IP 方面有自己的战略级规划，另外，还有一些新生影视公司也正在向电影市场显示他们的活力。未来五年内，中国的影视“IP 化”会有更好的产业链条进行拓展延伸，相应的知识产权保护也会得到进一步强化。

13.1.2 经典科幻《隐形人》打造原创 IP，开辟影视行业新路线

经典科幻《隐形人》是由上海润金文化传播有限公司出品的网络大电影，以打造原创 IP 为目标，以奇特创意开辟影视行业新路线。

《隐形人》以三大经典科幻命题之“隐形人”为创意出发点（其余两大命题是时间机器、星球大战），影片以一个毫无存在感的职场小屌丝为主角，由于误打误撞，男主参加了神秘科学试验后而变成隐形人，从此卷入超能世界的独霸组织——神奇公司。

在一次神秘行动当中，男主从一个被操控的“怪物”，历经逃亡、失忆、执行特殊任务的考验，最终生存下来，并收获爱情、友情和亲情。

由于当下影视市场竞争的白热化，打造原创优质 IP 成为当下影视行业的急迫期待，而《隐形人》则以科幻类题材为切入点，开辟影视行业的 IP 新路线。

13.1.3 浙江卫视瞄准“超级 IP”，推出本土真人秀《西游降魔记》

近年来，全力打造真人秀节目已经成为各大卫视争夺收视率和市场份额的重要手段，包括《爸爸去哪儿》《中国好声音》《我是歌手》《奔跑吧兄弟》等成为火爆大江南北的知名综艺节目。但也有声音质疑，霸屏的王牌综艺节目大都是重金购买的国外版权，原创性非常小，甚至有吐槽近年来国内的综艺节目成了“韩国模式的搬运工”。

在这样的现状下，本土综艺节目如何求变、突出重围呢？浙江卫视就瞄准了中国本土化的“超级 IP”，推出本土真人秀《西游降魔记》。

《西游记》作为中国文学史上最杰出的神魔小说，经过多年衍变，产生出各种艺术形式，电视剧《西游记》创造了重播历史性纪录，电影《大话西游》成为一代人的经典记忆，小说《悟空传》在网络上红极一时，西游题材已经俨然成为中国本土化的“超级 IP”。

而浙江卫视正是瞄准该“超级 IP”，推出本土真人秀《西游降魔记》，还力邀一线女星周迅加盟。而在此前，《西游降魔记》是周星驰导演的一部古装神话电影，由电影转为综艺，打造本土真人秀节目，是对此前中国综艺原创节目较少的回应，希望借此超级 IP，摆脱对国外节目版权的依赖，做中国的原创电视综艺。

原创类综艺节目相对引进版权加以改编有更大的潜在风险，但当一种节目模式引进中国市场并取得成功后，很快就会涌现同类型的节目，造成同质化恶性竞争。而超级 IP 则是真正地走自己的路，别人很难直接模仿，对观众的吸引力也会非常强。

从电影中进行拓展，推出 IP 化的综艺衍生品，延伸 IP 的产业链条，虽然有风险，但成功以后也会有很大的商业回报。同时，综艺节目需要有巨星加盟助力，这也是影响综艺节目 IP 的关键因素。

13.2　影视 IP 化的方法

影视 IP 化的跨界融合与新探索其影视 IP 的战略性定位，具体来看，还是需要从多个层次进行全方位把握，包括内容优质 IP 系统化的纵向延伸、产业链延伸 IP 品牌化的横向拓展、泛 IP 来源与跨界融合的反向发展。这三个层次是对影视 IP 的深度剖析，也是影视 IP 化的方法。

13.2.1 纵向延伸：内容优质 IP 系统化

内容优质 IP 系统化是影视 IP 的纵向延伸，拥有优质内容的 IP 进行系统化升级，衍生出更多的系统化产品，是影视 IP 未来的发展方向。

最常见的就是优质 IP 拍摄影视作品续集，一部电影火了，随即找投资人进行第二部续集的拍摄。而内容优质 IP 系统化最成功的案例非美国好莱坞莫属了。比如，依靠米老鼠等卡通人物起家，并最终成为卡通帝国的迪士尼，近年来因改编电影而在全球人气飙升的“超级英雄集中营”漫威等，都是运用 IP 的纵向延伸的成功典范。

内容优质 IP 系列化的前提是内容必须优质，这样才可能形成优质的 IP，具体来说，优质的影视 IP 去哪里探寻，网络文学就是一个大鱼塘。网络文学的平台以开放性容纳了众多的写作人，每年产生百万级别的原创文学作品。以二八原理来看，网络文学的优质内容资源仅占整体的 5%，但赚取了 95% 的利润，而这 5% 中就有我们需要的优质 IP。

2016 年以来，国内的网络文学平台呈现从盛大文学、腾讯文学、百度文学“三国争霸”到阅文集团、百度文学“两强相争”的竞争态势。而在 2015 年年初，盛大文学和腾讯文学联合成立阅文集团以后，中国的网络文学市场就呈现出了阅文一家独大的局面。

庞大的原创文学聚集地自然也积累了不少的内容优质的 IP，影视 IP 也可以从中汲取所需营养。当然，优质 IP 的建立也不是仅靠一个原创作品即可站稳脚跟。

要想成功打造一个影视 IP，需要从内容、品牌、粉丝群体等多方面综合运作，打通影视与动漫、游戏等领域的跨界融合，进行多样化的商业模式创新。所以，在纵向延伸方面，内容优质 IP 系统化是一个充分必要条件。

13.2.2 横向拓展：产业链延伸 IP 品牌化

产业链延伸 IP 品牌化是影视 IP 的横向拓展，也是在纵向延伸的基础上的深度开发。全产业链是影视IP品牌化的必然趋势。比如，在好莱坞，电影的收入，票房只占到三成，其余七成靠的是产业链上各个环节的收入。而反观国内的影视成本回收，主要途径就是靠票房收入。

影视 IP 的产业链的延伸是在内容优质的基础上，精心打磨，进行内容加工和产业链拓展，比如，通过影视作品、手游、动漫等打造IP在用户中的认可度，在相对成熟的基础上开发衍生品以及主题公园，后者再反哺 IP 内容，使得影视 IP 成为一个长期的可持续性的完善产业链。

所以，产业链延伸下的 IP 品牌化是在影视 IP 的“1”面不断地续写“0”的过程，将代表“1”的内容打磨好，才能后续横向发展“0”。综合来看，优质的 IP 是内容、品牌、用户三者优良结合，可以在内容基础上进行长链条的持续开发，创造二次收入。

当然，这里不是说所有的内容优质 IP 系统化的纵向延伸都可以打造成为横向发展的产业链延伸 IP 品牌化，这需要其中有非常好的转接按钮与核心，要想达到对影视 IP 纵向与横向之间的无缝隙延伸拓展，就要对 IP 本身有非常强的审视能力。

因为影视 IP 从 IP 系列化到 IP 品牌化，是一种上升到更高层次的质变，背后需要有非常强大的粉丝认同和价值观。

影视 IP 的系统化到品牌化需要 IP 的参与者，特别是领导级别的参与者，包括编剧、导演、制片人等，对 IP 本身有非常准确的把握，了解如何填补文字作品与影视作品之间的空缺，还要让市场与用户愿意埋单，将用户的注意力转化为购买行为。

13.2.3　反向发展：泛 IP 来源与跨界融合

泛 IP 来源与跨界融合是影视 IP 的反向发展，也是实现影视 IP 化的方法与途径之一。这里的泛 IP 来源可以简单了解为 IP 来源于文化产业的任何细分项，包括网络文学作品、电视节目、动漫、游戏、艺术品、音乐、体育等，泛 IP 助力影视 IP 的反向发展。

为什么会有并且可以实现这种跨界性的融合呢？最根本的原因就是影视 IP 的来源本身有兼容性，只要用户对某个 IP 有达到标准的认知度，IP 本身有故事性、可延展性，就可以实现泛 IP 的跨界融合。泛 IP 来源的反向发展也可以从多个角度进行剖析。

综艺节目在泛 IP 来源与转型方面，湖南卫视的真人秀《爸爸去哪儿》综艺节目是最典型的案例。从 2013 年 10 日播出第一季首期到 2017 年 1 月的第五季度，成为业内“现象级”户外综艺节目，以明星爸爸和子女的亲子体验为核心，为观众呈现最真实的情感互动。

而同名电影《爸爸去哪儿》也以超 6 亿元的票房证明该综艺 IP 的强大魅力。《爸爸去哪儿》的超高效益，带动了“综艺电影”的 IP 化延伸发展，随后浙江卫视的综艺节目《奔跑吧兄弟》也上映了同名电影版，票房过 4 亿元。

在游戏 IP 方面，腾讯也在积极进行优质 IP 的产业链化拓展，比如，成立“腾讯电影 +”影视业务平台，将游戏与影视、动漫、文学进行全方位结合，实现跨界融合。

而全球知名的游戏开发商美国暴雪娱乐公司在泛 IP 来源与跨界融合的反向发展中，找到了新的路线。由单纯的游戏开发者，成长为一个集游戏、音乐、电影、嘉年华为一体的综合性娱乐公司，从游戏文化蜕变为泛娱乐游戏集成者，2016 年上映的《魔兽》就是最好的例证。

音乐 IP 方面，歌曲改编为电影，搬上大银幕，就是对一个品牌的再创作，只是从音乐性质的歌曲转型为衍生电影，而且，也有不少成功案例，包括《同桌的你》《栀子花开》《睡在我上铺的兄弟》等。

影视 IP 在经历了纵向延伸与横向拓展以后，以反向发展的姿态迎战泛娱乐 IP，从更多的 IP 来源中，找寻跨界融合的可能，包括综艺节目、游戏、音乐等。反向发展的泛娱乐给影视 IP 带来更多的可能性和拓展空间，影视 IP 也成为最具潜力的超级 IP 类型。

13.2.4　“超级英雄集中营”漫威，玩转影视 IP 跨界融合

说到漫威，我相信时下绝大多数年轻人都对其耳熟能详，作为一家有着近 90 年历史的漫画创作公司，其创作了 8 000 多名漫画角色，其中很多都以英雄形象深入人心，为人所津津乐道，诸如：蜘蛛侠、钢铁侠、美国队长、雷神托尔、绿巨人、黑寡妇、金刚狼、超胆侠、蚁人、黑豹、奇异博士、恶灵骑士等等，其还设置了四大英雄团队，包括复仇者联盟、神奇四侠、X 战警和银河护卫队，并因此被人形象地称为“超级英雄集中营”。

当然，漫威在 IP 打造方面的成功并非偶然，其背后是漫威的精心策划，巧妙布局，其通过对影视 IP 的打造和相关衍生品的开发，玩转影视 IP 跨界融合，使其 IP 形象更加鲜活，更加贴近人们的生活。

首先，漫威将所有的超级英雄和其团队都集合在“漫威电影宇宙计划”中，其推出的每一部电影既独立，又都只是整个故事中的一部分，在以单个英雄为主角的电影中，其他热门英雄也会作为配角出现，这既保证了 IP 的持久热度，又调动起人们强烈的好奇心，使他们为了了解整个故事的结局，而不断地追剧，从而逐渐成为漫威忠实的观众。

而在电影外，漫威还将粉丝经济深度融入漫威的影视 IP 中，其推出了电视剧、漫画、游戏、周边产品等，将这些 IP 形象全方位地渗透到粉丝的日常生活中，不断地加深他们对 IP 形象的认知，继而产生强烈的参与感和认同感。

漫威通过 IP 跨界融合，进行全方位、立体化地宣传造势，并经过多年积累，使其创作的 IP 英雄形象为观众所熟知，在全球催生了大批漫威迷，成了影视 IP 最成功的典范。

第 14 章
未来 IP 化商业法则的三大创新方向

未来以 IP 化法则运作是整个商业市场的一大主流，IP 化也会给商业带来全新变革。我们要想在这场变革中立于不败之地，就要把握好 IP 化商业法则的创新方向，找对方向才能走好脚下的路。有哪些创新方向呢？根据我们对 IP 化商业运作研究，可以确定以下基础方向，形象立体化、体验现场化、人工智能化。

14.1 形象立体化

科技进步使得原先人们对各种美好事物的想象成为可能，也使得 IP 的形象更加立体化。比如，全息投影技术，使得二次元或者已经不存在的真实人物“活”过来，让观众看到立体化的虚拟形象展现。除此之外，VR 技术也是使 IP 形象立体化的一大方向。KFC 概念店“Original+”为顾客讲述“炸鸡的故事”，就是综合运用全息投影技术，呈现更立体化的 IP 表现方式。

14.1.1 全息投影技术

全息投影技术也叫虚拟成像技术，简单来说，全息投影技术就是在空中产生立体化的幻象，使观众看到真实的三维图像，被展示的虚拟物可以和台上的表演者一起互动。全息投影可适用于舞台表演、酒吧娱乐、场所互动投影等。全息投影技术运用在 IP 化当中，可以使 IP 形象更加立体化。

全息投影技术的出现和不断成熟，使得全息本身突破了传统声、光、电的局限，将三维画面直接悬浮在实景的半空中成像，为观众呈现美轮美奂的画面，有很强的空间感、透视感、纵深感。全息投影技术有三种实现方式。

1. **空气投影和交互技术**

在美国麻省理工学院，一位叫 Chad Dyne 的理工研究生发明了一种空气投影和交互技术，成为显示技术上的一个里程碑。该技术可以在气流形成的墙上投影出具有交互功能的图像。设计原理来源于海市蜃楼现象，将图像投射在水蒸气液化形成的小水珠上，由于分子震动不均衡，进而形成层次和立体感很强的图像。

2. **激光束投射实体的 3D 影像**

日本公司 Science and Technology 发明了一种 3D 影像，通过激光束投射实体，再利用氮气和氧气在空气中散开时混合成的气体，进而变成灼热的浆状物质，最后在空气中形成一个短暂的 3D 图像。该技术主要是靠不断在空气中进行小型爆破来实现。

3. **360 度全息显示屏**

美国南加利福尼亚大学创新科技研究院的研究人员宣布他们成功研制出一种 360 度全息显示屏。这种技术是将图像投影在一种高速旋转的镜子上，从而实现三维图像。

目前，多个世界知名的科技公司也包括初创公司都在致力于研究全息投影技术，企图占领全息技术的制高点。而全息投影技术也的确可以让 IP 形象展示更为生动，因为全息本身就非常适宜用于展示功能，包括具有丰富细节或内部结构的物体。

而很多 IP 形象本身就是虚拟化的，比如，IP 卡通人物，通过全息投影技术可以为观众呈现完全立体的感觉，是一种新奇、超凡的展示方式，也是一个充满时尚感的交互手段。

14.1.2 VR 技术

近年来，VR 呈现强劲的爆发趋势，曾经概念中的 VR 开始落地，走向现实，VR 行业也跨入高速发展的快车道。各大科技公司也纷纷推出 VR 设备，包括 Google、Facebook、HTC、三星以及华为、小米等，在用户端，2016 年 VR 用户总量超 1 000 万。从技术力量的投入以及用户表现来看，VR 技术以及应用市场的前景非常广阔。

VR 技术对 IP 领域的冲击，首当其冲的便是电影行业，拿起 VR 可穿戴设备，看场身临其境的电影已经不存在技术鸿沟。而 VR 技术的成熟对 IP 形象展示绝对是一场变革。

首先，对电影制作的冲击。传统的电影制作方法被颠覆，没有分镜头，没有脚本，灯光师不知道演员与光的结合该如何处理才能更完美，演员也还在以另一种模式在 360 度投入其中去完成演戏过程。VR 给电影制作带来的挑战非常具有颠覆性。

然后，是对观众的视觉冲击。目前，VR 设备依然以头戴设备为主，所以，观看时长不应超过 40 分钟，否则观众很容易出现视觉疲劳和身体疲倦等不适症状。这也意味着 VR 电影要在标准时长的基础上进行有效缩短。

最后，是对 IP 化形象展示的冲击。VR 技术的不断成熟，使得 IP 形象展示有了更为立体化的可能，观众有了更好的视觉体验。

VR 技术凭借沉浸式虚拟现实设备的诸多优点，使得相关科技公司积极投身其中，据统计，2015 年初到 2017 年初，从事 VR 产业的企业数量，从最初 200 余家激增到 1 600 家。即使 VR 设备真正参与市场化运作产生可观的商业价值尚有一段距离，但 VR 对 IP 形象的展示作用已经不容置疑。

14.1.3 KFC 概念店“Original+”为顾客讲述“炸鸡的故事”

KFC 推出首家概念店“Original+”，为顾客讲述“炸鸡的故事”。在位于上海的肯德基首家概念店“Original+”内，顾客可以直接享受集百度多项人工智能技术于一身的度秘机器人提供的服务。这也是 KFC 与百度联手打造的连锁餐饮行业首个人工智能服务场景，以全新理念对外开放。在 KFC 的“Original+”概念中，顾客可以全方位享受度秘机器人的智能服务。

比如，在店内点餐区，顾客可以用日常语言和度秘机器人对话，完成从点餐到支付的全流程。在全息投影体验区，度秘机器人则以 360 度全息成像技术展示肯德基吮指原味鸡的制作过程，为顾客讲述“炸鸡的故事”，与观众零距离互动。

在餐饮娱乐方面，顾客可以在音乐互动区扫描餐桌上的二维码，即可听到智能机器人为当前场景推荐的音乐榜单。

另外，为了拓展智能服务，用户也可以通过下载，打开手机百度 App，按住底部麦克风按钮说“度秘我要吃肯德基”，即可享受便捷的线上点餐服务。

IP 化商业法则的创新方向之一就是使 IP 形象更加立体化，包括全息投影技术、VR 技术的综合应用，而 KFC 概念店“Original+”为顾客讲述“炸鸡的故事”，使得 IP 化形象有了更实用性的展示。

14.2 体验现场化

IP 化商业法则的第二大创新方向就是体验现场化，以技术加持的体验让用户无限接近真实，以现场化的使用场景给用户带来无穷乐趣。通过电子屏幕与 IP 主人公互动，或突破实物背景，有身临其境之感。总之，IP 化不再是存在于商业领域里的律条，或者商业巨头们引发关注的一个噱头，而是让用户产生身临其境的神奇景象。

14.2.1 Hello Kitty 舞台剧运用新媒体技术，给顾客临场感

2016 年 6 月，日本原版 Hello Kitty 舞台剧《OZ 的魔法王国》先后在中国各大城市演出。

《OZ 的魔法王国》舞台剧是纪念 Hello Kitty 诞生 40 周年的纪念版剧目，原版制作方投入一亿八千万日元打造出了一场流光溢彩的视听盛宴。

该剧以著名童话《绿野仙踪》为蓝本，将主人公“多萝西”替换成了更为大家熟知和喜爱的 Hello Kitty。该剧的主角 Hello Kitty 原本和爸爸妈妈过着平静的生活，后来被一场龙卷风刮到了遥远而神奇的国度叫“OZ 国”，Hello Kitty 从天而降碰巧打败了西方魔女，解救了小人国的小矮人们。急切盼望回家的 Hello Kitty 在善良的小矮人指引下去翡翠城请求大魔法师奥兹，希望奥兹帮自己寻找回家的路。

《OZ 的魔法王国》以独特的视角和环境，重新演绎了奥兹魔法王国的传奇。整个舞台剧将智慧、勇气、善良等宝贵品质贯穿其中，让孩子们在绝美的视听感受中获得成长。

《OZ 的魔法王国》舞台剧是 Hello Kitty 原版形象首次登上中国舞台，制作方用心打造绚丽舞台以创新性演绎经典，运用新媒体技术，使用投影灯光与 LED 背景结合，给顾客有身在 Hello Kitty 主题乐园的临场感。

Hello Kitty 舞台剧《OZ 的魔法王国》在视觉技术方面，让电子屏幕与 IP 主人公互动，突破了以往舞台剧的实物背景，呈现给观众更好的视觉效果。

14.2.2 突破实物背景，有身临其境之感

舞台剧要想让观众有身临其境的感觉，就需要突破实物背景，提升临场感，这也是 IP 体验如何现场化的一大创新方向。比如，上海 Bistro Bianco Hello Kitty 则利用 4D 投影轮番播放 Hello Kitty 影片，提升观众的体验现场化。

无论是全消投影技术还是 VR 技术，其追求的都是对虚拟空间与现实空间的缝合，希望科幻走入现实，而突破实物背景使观众有身临其境之感是关键一步，VR 可穿戴设备要达到的也是这样的效果。

这样的终极效果也面临不小的挑战：一是图像质量，体验现场化需要足够逼真的图像，视频要足够流畅；二是头部追踪，屏幕显示要能精准地跟随头部运动而改变，比如，可穿戴设备未能高度还原头部运动，很容易使用户产生晕动症，无法把握方向和动作；三是反应的连续性，体验现场化对 IP 的要求是反应要有连续化，而不是单一的小部分体验。

IP 形象往往是单一的，但通过体验现场化，可以为 IP 创设更多的交互场景，让观众感受到 IP 形象的强大魅力。

14.3 人工智能化

在人工智能化的探索下，未来人工智能的目标之一就是让 IP“活”了过来，给用户以实时的、个人化的、形象的互动体验，例如，智能芭比娃娃 Hello Barbie，实现实时交流互动。毫无疑问，人工智能化为 IP 带来更多的可能性，因为人工智能本身就非常具有挑战性和可塑性，而与 IP 化结合，必然会掀起一场有关 IP 化商业法则建设与创新的热潮。

14.3.1 未来的人工智能让 IP“活”了过来

KFC 的概念店可以为顾客讲述“炸鸡的故事”，实现了机器人点餐，为顾客提供智能化服务，人工智能让 IP“活”了过来。而在未来，人工智能是否升级出更多的交流互动等更加智能化服务也值得期待。

人工智能下的 IP 有了更好的切入点，也为科技公司找到了更为广阔的拓展空间。比如，一款基于数据挖掘的推荐引擎产品——今日头条。今日头条以“数据入口”为核心点，通过新闻聚合用户，再以卓越的机器学习技术与用户体验，获得了海量活跃用户。今日头条曾声称其日均活跃用户数 2.4 亿，可见今日头条用户的超高黏性。

人工智能为今日头条获得海量数据，在数据中找到用户以及前进方向起了很大作用。而且，今日头条在人工智能高层次人才方面也非常重视，早在 2017 年 2 月 14 日，前微软亚洲研究院常务副院长马维英加盟今日头条，负责管理今日头条的人工智能实验室。

另外，人工智能对 IP 的作用也通过美国 NBA 的数据分析可以看出一二。2016 年年底，NBA 决定从 2017 年开始，将未来 6 年的 NBA 全美国赛场的视频跟踪和视频分析的权力授予美国洛杉矶的篮球数据分析公司 Second Spectrum。

Second Spectrum 是美国 AI 创业公司的佼佼者，在 2015 年获得洛杉矶估值最高的 A 轮创业公司称号。Second Spectrum 通过为 NBA 球队提供服务以收费，还可以将智能分析得出的 NBA 比赛视频售卖给消费者，以从中获利。

Second Spectrum 是如何做到的呢？原来 Second Spectrum 通过 AI 算法能够“看懂篮球”，跟踪确定球员身份及动作，谁在做什么动作、对投中率有何帮助、使用的战术是什么等，最后还能给出指导意见。Second Spectrum 拿下美国 NBA 这个庞大的 IP 数据入口，也为自身在业界积累了相当高的门槛。

从 KFC 概念店、今日头条、Second Spectrum 与 NBA 的合作可以看出，人工智能、算法、大数据分析等，为 IP 注入了新的可预见性的发展潜力，让 IP 真正“活”了过来。

14.3.2 百度人工智能推动体育 IP

百度是全球最大的中文搜索引擎，而且在人工智能领域有先进的技术和研发实力。德甲是德国足球最高等级的赛事类别，具有很强的体育 IP 潜力。Future Arena 未来竞技场是一个致力于连接亚洲与全球体育资源的数字平台，在粉丝经济商业营销方面有丰富经验。

百度、德甲、未来竞技场三者联合会产生怎样的火花？2017 年 2 月 28 日，百度同德甲、未来竞技场正式签署合作协议。百度意在通过人工智能技术推动自身在体育 IP 方面的作用和话语权。

百度选择德甲，为国内球迷开辟一个了解足球的全新方式。双方合作的基础是百度在人工智能方面应用尖端技术，德甲巨大的体育 IP 价值，再加上未来竞技场这个第三方合作伙伴。百度以人工智能推动体育 IP 的战略布局又向前进了一步。

具体来说，百度自身拥有领先的人工智能技术，可以为广大球迷提供贴心的定制化赛事提醒等服务，还可以通过 AR 营销大赛宣传造势，为国内的德甲球迷营造一个良好的体育技术服务环境，释放体育 IP 潜力。

除此之外，百度凭借旗下的明星产品，可以为德甲在国内的用户群体巩固与开拓提供非常好的平台性支持，包括糯米、地图、搜索、百科、知道等一系列线上线下产品，以更深层次的粉丝精准营销，吸纳更多潜在球迷。同时，第三方合作伙伴未来竞技场则是专注于为德甲球迷提供一手的德甲原创内容与体育视频，同百度形成双向互动的强体育 IP 效应。

14.3.3 智能芭比娃娃 Hello Barbie，实现实时交流互动

玩具巨头美国美泰公司在 2017 年 2 月的纽约玩具展推出芭比娃娃全息影像，叫作 Hello Barbie Hologram，它是一个半透明的人工智能人物形象，“站立”在一个粉色的盒子里，会做动作，与人对话，十分俏皮可爱。公司负责人表示，智能芭比娃娃 Hello Barbie Hologram 更像是一个数字助理，只要一句“Hello Barbie”可立即唤醒这个美丽的小精灵。

小朋友可以命令这个智能芭比娃娃改变她的外表、服装，还可根据自己的喜好定义芭比娃娃的发色、肤色，设置闹钟，为她编排舞蹈，还可以询问她各种有关人工智能的问题，实现实时交流互动。

遗憾的是，这款芭比娃娃使用的是 3D 动画的 2D 投影，所以限制了人们看到它的角度，不能从侧面三维地观看，也不能从盒子后面看到它。

在隐私保护方面，芭比娃娃 Hello Barbie Hologram 不会将得到的用户录音保存到其服务器，而且全息影像盒使用的是 256 位加密保护措施将语音查询传送到云中，以帮助孩子们的父母或监护人可以看到系统收集的所有数据。

芭比娃娃自 1959 年诞生以来，凭借完美的形象、曼妙的身材、靓丽的礼服成为全球无数女孩们心中的梦想玩偶，也助力美泰成为全球最大的玩具公司。随着人工智能的发展，芭比娃娃与时俱进成为必然。

除了此次推出的智能芭比娃娃 Hello Barbie Hologram 版本外，美泰早在 2015 年就推出了智能芭比娃娃“Hello Barbie”，该款玩具内置麦克风，支持 Wi-Fi 连接，借助 ToyTalk 开发的智能语音系统。

芭比娃娃这个风靡世界的玩具 IP 在人工智能的帮助下，为用户提供了更好的智能化体验，也让芭比娃娃 IP 释放出更强大的商业价值。